ZHONGHUA RENMIN GONGHEGUO SHIGAO
JIANMING DUBEN

中华人民共和国史稿

简明读本

《〈中华人民共和国史稿〉简明读本》编写组

学习出版社

《中华人民共和国史稿》简明读本
编写人员名单

主　编：李　捷

撰稿人：田居俭　刘国新　陈东林

　　　　张星星　李正华

图片选配：李建斌

出版说明

　　本书是多卷本《中华人民共和国史稿》的简明读本。撰写这本《〈中华人民共和国史稿〉简明读本》（以下简称《简明读本》）的目的，是为了响应习近平总书记关于全党要认真学习党史、国史的号召。2013 年 6 月 25 日，习近平总书记在主持中共中央政治局第七次集体学习时强调指出："历史是最好的教科书。学习党史、国史，是坚持和发展中国特色社会主义、把党和国家各项事业继续推向前进的必修课。这门功课不仅必修，而且必须修好。"为贯彻落实这一重要讲话精神，我们在《中华人民共和国史稿》的基础上，撰写了这部《简明读本》，作为广大干部群众学习共和国历史的通俗读物。

　　多卷本《中华人民共和国史稿》，是经中共中央批准、当代中国研究所历时 20 年编写的第一部全面系统反映中华人民共和国发展历程的权威性国史著作，于 2012 年 9 月在党的十八大前夕由人民出版社、当代中国出版社出版。该书共分 4 卷，记述中华人民共和国自 1949 年 10 月 1 日举行开国大典，到 1984 年 10 月 20 日中共十二届三中全会通过《关于经济体制改革的决定》、加快以城市为重点的整个经济体制改革步伐这 35 年的历史。为了使读者全面了解中华人民共和国在中国历史中的地位，该书还专门设立序卷，概述中华人民共和国的历史渊源和由来。该书自出版以来，受到广大读者的欢迎和好评，也得到专家们的赞誉。

由于多卷本《中华人民共和国史稿》暂时写到 1984 年 10 月中共十二届三中全会为止，这本《简明读本》也与它同步。从 1984 年 10 月以后直至今天的历史发展，建设成就更为巨大，理论成果更为丰富，制度成效更为显著。鉴于这方面的研究刚刚起步，形成权威性的国史还需要艰辛努力，在多卷本《中华人民共和国史稿》的基础上，续写这以后的历史尚需时日。这是需要由其他的同志在今后来完成的重要工作。

CONTENTS 目 录

绪　论
创建中华人民共和国的艰辛历程

1949年中华人民共和国成立，标志着中国半殖民地半封建社会的终结和新民主主义革命的胜利，标志着中国人民实现了自鸦片战争以来争取民族独立和人民解放的夙愿，并从此进入人民当家作主的新时代。

中华人民共和国，是中国共产党领导中国人民建立的代表绝大多数人民根本利益的新国家，是在联合各被压迫阶级、各人民团体、各民主党派和无党派人士、各少数民族、海外华侨，同国民党实行联合—决裂—再联合—再决裂，最终推翻以蒋介石集团为代表的帝国主义、封建主义和官僚资本主义统治的过程中建立起来的；更是中国共产党领导中国人民浴血奋斗、艰辛探索，把马克思列宁主义同中国革命实际相结合，开辟以农村包围城市、武装夺取全国政权正确道路，并在各革命时期、各革命根据地进行政权建设的过程中建立起来的。中华人民共和国来之不易，是无数革命先烈用鲜血和生命换来的。据不完全统计，革命战争年代牺牲在战场和刑场上的革命先烈约 2000 万人。

一、"劳动阶级重建国家"在中国的最初尝试

中华民族是一个勤劳、勇敢的伟大民族，曾用智慧和汗水创造出辉煌的五千年文明史，为人类社会发展进步作出过重大贡献。到了近代，由于封建统治的腐朽和帝国主义的侵略，中国沦为积贫积弱、任人欺侮的半殖民地半封建社会。然而，帝国主义和封建主义相勾结，变中国为半殖民地半封建社会的过程，也是中国人民反抗帝国主义及其走狗的过程。近代以来，中国人民反对内外敌人的斗争，从来就没有间断过。可惜，每次斗争都以失败而告终。无论是历次反抗外国侵略的战争，还是太平天国起义和义和团运动等旧式农民战争；无论是变法图强的戊戌维新运动，还是推翻封建帝制的辛亥革命；无数仁人志士前仆后继，都没能实现民族独立和人民解放，尤其是没能推翻剥削阶级统治，由劳动阶级重建国家，使国人陷入极度困惑之中。

恰在这时，北方传来了列宁领导俄国十月革命胜利的消息，给正在高举民主和科学的旗帜，开展猛烈抨击封建主义旧思想、旧道德、旧文化的新文化运动主将李大钊、陈独秀等带来了希望，使他们找到了用无产阶级宇宙观作为观察国家命运的工具，重新探索中国的出路；也给"致力国民革命"屡遭失败的孙中山带来了希望，使他萌发了"以俄为师"、"重行革命"的信念。正像30年后毛泽东总结的："一九一七年的俄国革命唤醒了中国人"，"从此以后，中国改换了方向"。

1919 年 5 月 4 日，中国爆发了反对北洋政府屈服帝国主义、损害中国领土主权的群众爱国运动。在五四运动中，工人阶级独

1921年中国共产党的成立，是中国历史"开天辟地的大事变"。图为中共一大会址。

立地登上了政治舞台，一批接受了马克思主义的先进分子，在斗争中与工人阶级相结合，在思想上和组织上为无产阶级政党的诞生创造了条件。

1921年中国共产党的成立，是中国历史"开天辟地的大事变"。这个以马克思主义为思想武器，适应中国近代以来社会进步和革命发展要求的工人阶级政党，为中国革命指明了前进方向，使中国人民从此有了主心骨。这年 7 月召开的中国共产党第一次全国代表大会提出："以无产阶级革命军队推翻资产阶级，由劳动阶级重建国家"①；"消灭资本家私有制"，"归社会公有"。随即成立中国劳动组合书记部，领导中国工人阶级掀起了工人运动高潮。从 1922 年 1 月至 1923 年 2 月组织了百余次罢工，参加者达 30 万人以上。影响最大的是安源路矿和开滦五矿的工人罢工。1923 年 2 月的京汉铁路工人罢工，把这一时期的工人运动推向高峰。这场声势浩大的罢工，由于北洋军阀吴佩孚的血腥镇压而失败。惨痛的教训说明：在敌强我弱的形势下"由劳动阶级重建国家"，必须尽最大可能联合一切革命力量组成同盟军。

　　1922 年 7 月中国共产党召开第二次全国代表大会，通过对国情的分析，制定了中国革命必须分两步走的纲领和战略。大会通过的宣言明确指出：党的最高纲领是实现社会主义、共产主义，最低纲领是打倒军阀，推翻国际帝国主义压迫，统一中国为真正的民主共和国。为了实现最低纲领，大会强调："共产党应该出来联合全国革新党派，组织民主的联合战线，以扫清封建军阀推翻帝国主义的压迫，建立真正民主政治的独立国家为职志。"同时强调："我们加入民主革命的阵线，完全是以它为达到工人阶级夺得中国政权的一步过程。"第一次提出了"工人阶级夺得中国政权"，"建立真正民主政治的独立国家"的奋斗目标。大会还通过决议确认：中国共产党是列宁领导的共产国际的一个支部并接受其领导。

　　这时，共产国际执行委员会根据其驻华代表马林提议，在

①　《建党以来重要文献选编》第 1 册，中央文献出版社 2011 年版，第 3 页。

《关于中国共产党和国民党的关系问题的决议》中指出：由于中国的中心任务是反对帝国主义者及其在中国的封建代理人的民族革命，中国共产党与"中国唯一重大的民族革命团体"中国国民党合作是必要的。

在共产国际的推动下，中国共产党于1923年6月召开第三次全国代表大会，重点讨论国共两党合作问题。根据中共二大以来对国民党的考察和判断，认为它虽然有许多缺点和错误，但"始终为中国唯一革命的民主派，自然算是民主的联合战线中的重要分子"。大会接受共产国际的提议，通过《关于国民运动及国民党问题的议决案》，号召共产党党员以个人身份加入国民党，通过在国民党内的合作，努力扩大国民党的组织，使全中国革命分子集中于国民党，以适应革命的需要。

与此同时，孙中山也在共产国际的推动下，决心与共产党合作并改组国民党，遂于1924年1月在广州召开国民党第一次全国代表大会。孙中山在开幕词中提出：大会的根本任务是"把国民党再来组织成一个有力量有具体的政党"，之后用"政党力量去改造国家"。大会以宣言的方式对三民主义（民族、民权、民生）作出新的解释，突出了反帝反封建任务，确定了联俄、联共、扶助农工三大政策，事实上接受了共产党的最低纲领并作为国共两党合作的政治基础。鉴于辛亥革命"只有革命党的奋斗，没有革命军的奋斗"的教训，孙中山接受共产党人的建议，决定创办陆军军官学校即黄埔军校。大会还通过《中国国民党章程》，确认共产党员和社会主义青年团员以个人身份加入国民党，并决定在工人和农民中发展国民党党员。会上，共产党人李大钊、谭平山、林伯渠、瞿秋白、毛泽东等10人被选入国民党中央执行委员会，约占成员总数的1/4。以国民党一大召开为标志，第一次国共合作得到实现。

国共两党的第一次合作，推动了以广州为中心、汇集全国革命力量的反帝反封建斗争。工人运动从1923年二七惨案后的低谷走向高潮，爆发了五卅运动和省港大罢工；农民运动也开始兴起。在这一政治前提下，先后平定了地方军阀陈炯明等武装叛乱，统一并巩固了广东革命根据地。

孙中山先生逝世后，1925年7月1日，国民政府在广州成立，汪精卫出任主席。随后，将黄埔军校校军和驻广东的粤军、湘军、滇军等各系部队统一改编为国民革命军6个军。在此前后，国民党新右派势力代表蒋介石先后出任国民党中央组织部部长兼军人部部长、国民党中央常务委员会主席兼国民革命军总司令，为他日后反共反革命准备了条件。

革命联盟中潜伏的危机并没有立即影响国共两党合作。1926年7月1日，国民政府发表《北伐宣言》。9日，国民革命军誓师北伐，矛头指向北洋军阀的三股势力，即控制湖南、湖北、河南三省及直隶保定一带的吴佩孚部，控制江苏、浙江、安徽、江西、福建五省的孙传芳部，控制东北三省和热河、察哈尔、京津地区及山东一带的张作霖部。根据苏联军事顾问加伦的建议，国民革命军先进军两湖地区，消灭势力薄弱的吴佩孚部，争取孙传芳、张作霖暂时中立，然后进军东南，消灭孙传芳部，最后北上消灭张作霖部。在北伐战争中，各军的共产党员舍生忘死，发挥了先锋模范作用。共产党人在湖北、湖南、江西等地积极发动农民运动，有力地配合了北伐战争；还推动国民政府收回九江和汉口英租界。当北伐军接近上海时，全市工人在共产党组织的特别委员会领导下举行罢工，随后转为第三次武装起义，由周恩来任总指挥，占领除租界外的整个市区，成立了上海特别市临时政府（即上海市民政府）。至 1927 年 3 月，北伐军占领了包括南京、上海的长江以南全部地区。

然而，在北伐战争胜利在望的关键时刻，以蒋介石、汪精卫为首的反革命势力，依靠他们掌握的党权、政权和军权，背叛国共两党合作和 1924 年至 1927 年的"国民革命"，在 1927 年发动四一二反革命政变和七一五反革命政变，实行"清党"和"分共"，大肆搜捕、屠杀共产党人及包括国民党左派在内的一切革命者。曾经是北伐军根据地的广大地区，顿时陷入白色恐怖的腥风血雨之中。据不完全统计，从 1927 年 3 月到 1928 年上半年，被杀害的革命者达 31 万多人，其中共产党员就有 2.6 万人。国共合作"重建国家"的最初尝试，就被彻底破坏了。

二、"工农武装割据"与中华苏维埃共和国成立

在镇压共产党人的过程中，以蒋介石为代表的南京政府与以汪精卫为代表的武汉政府实现了"宁汉合流"。1928 年 2 月，南京国民政府改组，武汉国民政府不复存在。这年 12 月，张学良（其父张作霖已于是年 6 月被日本关东军谋杀）在东北宣布"服从国民政府，改易旗帜"。国民党在全国建立了统治。

从血泊中站起来的中国共产党人，义无反顾地单独肩负起中国革命的历史重任。

1927 年 8 月 1 日，在以周恩来为书记的前敌委员会领导下，贺龙、叶挺、朱德、刘伯承等人率领经过北伐战争洗礼的 2 万多国民革命军在南昌举行起义，打响武装反抗国民党反动统治的第一枪。这次起义，标志着中国共产党独立领导革命战争，创建人

1927 年 8 月 1 日，南昌起义打响武装反抗国民党反动统治的第一枪。图为南昌起义总指挥部旧址——原江西大旅社。

民军队和武装夺取政权的开始。由于敌强我弱，起义部队由江西南下广东，中途遇挫，伤亡很大。余部一部分转向广东海陆丰地区，另一部分由朱德、陈毅率领进入湘赣边界地区。

1927 年 8 月 7 日，中共中央在汉口秘密召开紧急会议（即八七会议），确定了土地革命和武装起义的总方针。毛泽东在会上阐述武装斗争与政权建设的关系，强调"以后要非常注意军事。须知政权是由枪杆子中取得的"。

同年 9 月 9 日，毛泽东领导的湘赣边界秋收起义开始。起义遭到严重挫折后，毛泽东毅然改变原定计划，率余部沿罗霄山脉南下转入农村。途经江西永新县三湾村时，对起义队伍进行政治改编，将"支部建在连上"，确立了党指挥枪的建军原则。10月27日，毛泽东率领起义队伍到达井冈山茨坪，创建第一个农村革命根据地，点燃了"工农武装割据"的星星之火。

1927年11月28日，第一个工农兵政府在井冈山根据地茶陵县成立，谭震林任主席。随后，遂川县、宁冈县工农兵政府成立。这三县工农兵政府的成立，为建立井冈山根据地奠定了基础。

1928年4月下旬，朱德、陈毅率领南昌起义保存下来的部队和参加湘南暴动的农民起义军到达井冈山，与毛泽东领导的秋收起义部队会师。随即合编为工农革命军（不久改称工农红军）第四军，朱德任军长，毛泽东任党代表。红四军连续三次打破国民党军"进剿"，特别是1928年6月23日取得龙源口大捷后，井冈山根据地达到全盛时期。

毛泽东当时预言："星星之火，可以燎原。"1929年1月，毛泽东、朱德等率红四军主力离开井冈山，进军赣南、闽西。经过一年多的艰苦斗争，创建了赣南、闽西两块革命根据地。根据地成倍扩大，红军也扩大组建了红一方面军。从1930年10月至1931年7月，红一方面军在毛泽东、朱德领导下，接连粉碎了国民党军发动的三次"围剿"。作战中，使赣南、闽西根据地连成一片，形成拥有21座县城、约5万平方公里土地和250万人口的中央根据地，成立了江西、福建两个省级工农兵苏维埃政府。在这一时期，其他根据地也先后成立了鄂豫皖、湘鄂西、赣东北、湘鄂赣、湘赣等省级工农兵苏维埃政府。

1931年11月7日至20日，中华苏维埃第一次全国代表大会在江西瑞金召开，宣布中华苏维埃共和国临时中央政府成立。大会通过的《中华苏维埃共和国宪法大纲》规定：中华苏维埃共和

1931年11月，中华苏维埃共和国临时中央政府成立。图为中华苏维埃共和国中央执行委员会举行第一次会议（中立讲话者为毛泽东，其右侧第一人为朱德，左起第三人为任弼时）。

国是"工人和农民的民主专政的国家"，全部政权"属于工人，农民，红军战士及一切劳苦民众"，他们"享有苏维埃选举权和被选举权"，有权"直接派代表参加各级工农兵会议（苏维埃）的大会，讨论和决定一切国家的和地方的政治事务"，"掌握政权的管理"。同时规定，"中华苏维埃共和国之最高政权为全国工农兵会议（苏维埃）的大会，在大会闭幕的期间，全国苏维埃临时中央执行委员会为最高政权机关，在中央执行委员会下组织人民委员会处理日常政务，发布一切法令和决议案"。大会还通过了《中华苏维埃共和国土地法令》、《中华苏维埃共和国劳动法》、《中华苏维埃共和国关于经济政策的决定》、《红军问题决议案》等法律和决议。

通过民主选举，大会选出了由毛泽东等 63 人组成的中华苏维埃共和国中央执行委员会。大会闭幕后，中央执行委员会举行第一次会议，选举毛泽东为主席，项英、张国焘为副主席。同时组建人民委员会，即中央临时政府（1934 年召开第二次全国苏维埃代表大会决定改称中央政府），毛泽东兼任主席，项英、张国焘兼任副主席。人民委员会下设外交、军事、内务、教育、财政、司法、工农检查等人民委员会以及国家政治保卫局、最高法院等办事机构。大会决定将瑞金改名瑞京，作为首都。之后依据《中华苏维埃共和国划分行政区域条例》，将中央根据地先后划分为江西、福建、闽赣、粤赣、赣南五省和瑞金、西江、长胜、太雷四个直属县。中华苏维埃共和国全盛时期，面积达 40 余万平方公里，人口约 3000 万。

中华苏维埃共和国，是一个实行工农民主专政的国家政权。各级政权机关由民主选举的代表大会产生，人民群众依法享有集会、结社、言论、出版等权利，还可对政府工作进行监督和批评。政府高度重视检察制度、会计制度、审计制度建设，颁布了《惩治贪污浪费办法》、《中华苏维埃共和国中央执行委员会审计条例》等。中华苏维埃共和国的成立，使中国历史上第一次出现人民当家作主的工农政权。

中华苏维埃共和国关于国体和政体的构想和实践，是中国共产党直接领导和全面管理国家的成功探索，尽管它"距离一个完

全的国家形态还很远"，但它是共产党在"重建国家"的征程上
迈出重要步伐的标志。

1934 年 10 月，由于王明（陈绍禹）"左"倾错误指导致使
第五次反"围剿"失败，中共中央和中央革命军事委员会率领中
央红军主力实行战略转移，踏上向西突围的征途，开始艰苦卓绝
的二万五千里长征。随后，红四方面军、红二军团和红六军团（后
合编为红二方面军）也先后进行长征。与此同时，坚守在南方革
命根据地的红军部队，在极端艰难的斗争环境中化整为零，开展
游击战争。王明"左"倾错误使革命根据地和白区的革命力量都
蒙受极大损失，红军从 30 万人减到 3 万人左右，共产党员从 30
万人减到 4 万人左右。

1935 年 1 月，中共中央在长征途中举行中央政治局扩大会

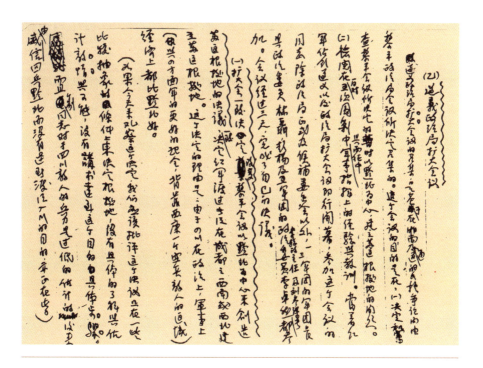

1935 年 2 月中下旬或 3 月上旬，出席遵义会议的陈云在行军途中撰写的遵义会议传
达提纲手稿。

议即遵义会议。这次会议在党的历史上是一个生死攸关的转折点。会议着重解决高层的军事问题和组织问题，严厉批评博古（秦邦宪）、李德在军事上实行单纯防御、在战略转移中实行退却逃跑的错误。增选毛泽东为中央政治局常委，实际上确立了毛泽东在党中央和红军的领导地位，在极其危急的历史关头，挽救了党，挽救了红军，挽救了中国革命，打开了中国革命的新局面。

三、从工农共和国到民主共和国

1931 年九一八事变后，日本加快侵略中国的步伐，武装占领东北之后，又控制了山海关以西、天津以北、北平（今北京）以东地区，直接威胁华北腹地。中日民族矛盾逐渐上升为主要矛盾。

与蒋介石实行"攘外必先安内"政策相反，中共中央在九一八事变后第三天，就发表《中国共产党为日本帝国主义强暴占领东北三省事件宣言》，号召全国工农民众武装起来，反对日本帝国主义侵略，并先后派罗登贤、杨靖宇等建立抗日武装，开展游击战争，并联合各地抗日义勇军，组成东北抗日联军，推动东北地区的局部抗战。1935 年 10 月 1 日，中共驻共产国际代表团以中华苏维埃共和国中央政府和中共中央名义，在巴黎《救国报》发表《为抗日救国告全体同胞书》（即"八一宣言"），明确表示愿同各党派、各团体、各军队，团结抗日，共同救国。同年 12 月，中共中央政治局在陕北瓦窑堡举行会议，通过《中央关于目前政治形势与党的任务决议》，倡导建立抗日民族统一战线，强调国防政府和抗日联军是抗日民族统一战线最广泛与最高的组织形式，提出"为了使民族统一战线得到更加广大与强有力的基础，苏维埃共和国及其中央政府宣告：把自己改变为苏维埃人民共和国"。

会后，毛泽东在党的活动分子会议上作《论反对日本帝国主义的策略》的报告，进一步阐明瓦窑堡会议精神。他说：之所以改工农共和国为人民共和国，"是因为日本侵略的情况变动了中国的阶级关系，不但小资产阶级，而且民族资产阶级，有了参加抗日斗争的可能性"。"人民共和国是代表反帝国主义反封建势力的各阶层人民的利益的。人民共和国的政府以工农为主体，同时容纳其他反帝国主义反封建势力的阶级。"随后，又将这一口号改为建立"民主共和国"，以便在更加普及的民主制度的基础上，进一步扩大抗日民族统一战线，在全国主要地区建立比国民党的一党专政大大进步的政治制度。

瓦窑堡会议前后，中国共产党为迎接抗日救亡斗争新阶段的到来，做了充分准备。通过领导一二·九运动，有力地推动全国抗日救亡运动走向高潮；发起东征，扩大了红军力量，巩固了陕甘根据地，宣传了抗日救亡主张；实现三大主力红军胜利会师，为全面抗日战争做了军事力量上的准备；推动同张学良指挥的东北军、杨虎城指挥的西北军建立巩固的抗日同盟，将"抗日反蒋"方针改变为"逼蒋抗日"方针，为建立更加广泛的抗日民族统一战线铺平了道路。毛泽东还从思想路线和中国革命战争规律的高度，撰写《实践论》、《矛盾论》和《中国革命战争的战略问题》，为迎接抗日民族解放战争做了思想理论准备。

1936 年 12 月 12 日，国民党爱国将领张学良、杨虎城在西安发动"兵谏"，要求蒋介石"停止剿共，一致抗日"。共产党以民族大义为重，从团结抗日的愿望出发，应张学良、杨虎城之邀，周恩来等作为中共中央代表前往西安和平解决西安事变，使之成为时局转换的枢纽，推动全国范围内抗日民族统一战线的建立。

1937年2月，中共中央致电即将开幕的国民党五届三中全会，提出停止内战、抗日救国的五项要求，并表示如果国民党接受五项要求，中国共产党则作出四项保证：在全国范围内停止推翻国民政府之武装暴动方针；苏维埃政府改名为中华民国特区政府，工农红军改名为国民革命军，直接受南京中央政府与军事委员会之指导；在特区政府管辖的区域内，实行普选的彻底民主制度；停止没收地主土地的政策，坚决执行抗日民族统一战线之共同纲领。

1937年7月7日，卢沟桥事变爆发，日本发动全面侵华战争。中国抗日战争进入全国性抗战新时期。

8月，红军主力改编为国民革命军第八路军（简称"八路军"）。随即，南方的大部分红军和游击队改编为国民革命军新编第四军（简称"新四军"）。9月6日，中华苏维埃共和国中央政府西北办事处正式改名为陕甘宁边区政府，林伯渠任主席，以延安为首府。边区政府下辖23个县、3个特区，面积约13万平方公里，人口150万。

9月22日，国民党中央通讯社发表《中共中央为公布国共合作宣言》。第二天，蒋介石就这个宣言发表谈话，实际上承认共产党的合法地位。以国共第二次合作为基础的抗日民族统一战线正式形成。

1938年五六月间，毛泽东发表《论持久战》和《抗日游击战争的战略问题》两篇重要的军事理论著作，全面分析中日战争所

处的时代特点和中日双方的优势及劣势，阐述了中国抗日战争的
持久战总方针，预见到中国持久抗战将经历的战略防御、战略相
持、战略反攻三个阶段，进一步阐明了中国共产党关于抗战的战
略方针和争取抗战胜利的正确道路。

在抗日战争处于战略防御时期，国民党军正面战场表现出较
高的抗日热情，组织过淞沪会战、忻口会战、徐州会战、武汉保
卫战等重大战役，取得过台儿庄大捷，给日军以重创。随着战略
相持阶段的到来，日本减轻了对国民党军正面战场的压力，国民
党内部顽固势力消极抗日、积极反共的情绪迅速抬头。抗日民族
统一战线内部呈现出复杂情况。

中国共产党领导下的八路军和新四军，在持久抗战总方针和

　　1937 年 9 月，中国共产党领导下的八路军积极配合国民党军正面战场作战，取得平
型关大捷。图为平型关战斗中八路军 115 师前线指挥所。

独立自主山地游击战方针的指引下，挺进抗日前线。先是积极配合国民党军正面战场作战，取得平型关大捷、夜袭阳明堡机场等战绩；随后又在山西、河北、山东、河南、湖北、江苏、安徽等地建立若干敌后抗日根据地，在相持阶段牵制住大批侵华日军。中国抗日战争逐渐形成战略上相互配合的正面战场和广大的敌后战场两个战场。在这一过程中，彰显出中国共产党及其人民军队在抗日民族战争中的中流砥柱作用。

1938年春，共产党提议成立一个由各抗日党派、军队、群众团体组成的，具有"商讨国是和谋划内政外交"权力的机构。国民党接受这个提议，成立国民参政会，聘请7名共产党人为参政员。首届国民参政会于7月6日至15日在武汉召开，毛泽东因病缺席，王明、博古、林伯渠、吴玉章、董必武、邓颖超出席并参加各委员会的工作。国民参政会在抗日战争期间发挥了一定的积极作用，但始终被国民党控制和把持，未能充分发挥"商讨国是和谋划内政外交"的作用。

与此相反，陕甘宁边区政府是在实行普选的民主制度的基础上建立起来的人民民主政权，陕甘宁边区参议会则是通过普选产生的人民代表机关和最高权力机关。陕甘宁边区参议会的前身是边区议会。根据国民参政会制定的省、市参议会条例，陕甘宁边区于1938年11月决定将议会改称参议会，议员改称参议员。1939年1月17日至2月4日，在延安召开第一届参议会。会议通过《陕甘宁边区抗战时期施政纲领》、《陕甘宁边区各级参议会组织条例》、《陕甘宁边区各级政府组织条例》、《陕甘宁边区高等法院组织条例》等文件，选举高岗为参议会议长，林伯渠为边区政府主席，雷经天为边区高等法院院长。陕甘宁边区政权建设的成功实践，为敌后各抗日民主根据地建设以及日后全国实行人民民主政治制度，提供了宝贵的经验。

1939 年年末到 1940 年年初，毛泽东在《中国革命和中国共产党》、《新民主主义论》等著作中总结这一时期政权建设经验时指出："在抗日战争中，在中国共产党领导的各个抗日根据地内建立起来的抗日民主政权，乃是抗日民族统一战线的政权，它既不是资产阶级一个阶级的专政，也不是无产阶级一个阶级的政权，而是在无产阶级领导之下几个革命阶级联合起来的专政。"同时强调：现在要建立的政权就是抗日民族统一战线的共和国，国体——各革命阶级联合专政；政体——民主集中制。

抗日战争胜利前夕，全国已有 19 个根据地建立起抗日民主政权。中国共产党自井冈山创建第一个红色政权到瑞金创建中华苏维埃共和国所积累的国家政权建设初步经验，在抗日战争时期得到很好的继承和发展，成为新民主主义共和国的雏形。毛泽东说："共产党领导的统一战线政权，便是新民主主义社会的主要标志。""各根据地的模型推广到全国，那时全国就成了新民主主义的共和国。"

四、为建立民主联合政府而奋斗

抗日战争后期直至抗日战争胜利后，始终存在着建什么国、走什么路的斗争：或者是一个独立、自由、民主、统一、富强的新中国，或者是一个半殖民地半封建的、分裂的、贫弱的旧中国。两种前途、两种命运，摆在全中国人民面前，考验着每一个政党。

从抗日战争进入相持阶段起，中国共产党高举抗战、团结、进步的旗帜，同国民党顽固势力的妥协、分裂、倒退活动做有理有利有节的斗争，击退了国民党顽固势力发起的三次反共高潮，维护了抗日民族统一战线。

在世界反法西斯战争取得决定性胜利、中国抗日战争胜利在望的情况下，中国共产党于1945年4月23日至6月11日在延安召开第七次全国代表大会，确立了废止国民党一党专政、成立联合政府、建立新民主主义的新中国的总方针。毛泽东在题为《论联合政府》的政治报告中指出："我们共产党人提出结束国民党一党专政的两个步骤：第一个步骤，目前时期，经过各党各派和无党无派代表人物的协议，成立临时的联合政府；第二个步骤，将来时期，经过自由的无拘束的选举，召开国民大会，成立正式的联合政府。"这次大会还在全党整风的基础上确定毛泽东思想为党的一切工作的指针，为党领导人民争取抗日战争的胜利和新民主主义革命在全国的胜利奠定了政治上、思想上、组织上的基础。

中国共产党提出废止国民党一党专政、成立联合政府的主张后，得到各民主党派、各进步团体和各社会阶级阶层的广泛赞同，也遭到国民党顽固势力的强烈抵制。

1945年8月15日，日本天皇裕仁以广播"终战诏书"的方式宣布无条件投降。9月2日，日本代表在东京湾美军军舰密苏里号上签署向同盟国投降书。侵华日军128万余人向中国投降。中国人民艰苦卓绝的抗日战争胜利结束，和平民主成为众望所归。在这种情况下，中国共产党适时提出"和平、民主、团结"三大口号，毛泽东于8月28日接受蒋介石邀请赴重庆谈判。在毛泽东、周恩来、王若飞的共同努力下，在各民主党派、社会贤达的大力推动下，国共双方于10月10日签订《政府与中共代表会谈纪

中国共产党于1945年4月23日至6月11日在延安召开第七次全国代表大会，确立了废止国民党一党专政、成立联合政府、建立新民主主义的新中国的总方针。图为毛泽东在大会上作政治报告。

要》，即《双十协定》，双方在和平建国的基本方针、政治民主化、党派合法化、人民享有一切自由等重大原则上达成共识。在谈判中，尽管中国共产党顾全大局，在某些问题上作出让步，但是，国民党在涉及国家政权的核心问题（如共产党领导的抗日军队和解放区民选政府的合法性）上却寸步不让，甚至在谈判期间出兵进攻解放区。共产党采取针锋相对方针，取得上党战役等重大胜利，迫使国民党不得不承诺召开政治协商会议。

1946年1月10日至31日，政治协商会议在重庆召开。共产党派周恩来、董必武、王若飞、吴玉章、叶剑英、陆定一、邓颖超出席。会议通过了《和平建国纲领》、《政府组织案》、《宪法草案》、《国民大会案》、《军事问题案》。这些协议，同中国共产党的建立联合政府的主张虽然还有相当差距，但它在一定程度上限制了国民党独裁统治，有利于和平建国。是否赞成这些协议，成为当时中国政治舞台上是否得人心的分界线。

一旦时机成熟便要武力消灭共产党，这是以蒋介石为代表的国民党顽固势力一以贯之的真实意图。1946年6月，国民党军以进攻中原解放区的宣化店为开端，悍然挑起全面内战。10月，攻占晋察冀解放区首府张家口，同时不顾各民主党派的强烈抵制，在南京强行召开由国民党一手包办的"国民大会"，通过维护其反动统治的宪法。1947年2月，又限令共产党设在南京、上海、重庆等地的办事机构撤回延安，最终关闭了国共两党和谈的大门。

面对来势凶猛的国民党全面进攻，中国共产党领导解放区军民树立敢打必胜的信心。毛泽东还总结经验提出十大军事原则，先后粉碎了国民党军的全面进攻和重点进攻。在主动撤出延安、转战陕北期间，毛泽东还果断作出战略决策，将三路大军布成"品"字形阵势，同时向外线出击：由刘伯承、邓小平率领的晋冀鲁豫野战军主力实施中央突破、千里跃进大别山；以陈毅、粟裕指挥的华东野战军为东路，挺进苏鲁豫皖地区；以陈赓、谢富治指挥的晋冀鲁豫野战军一部为西路，挺进豫西。三路互相策应，把战线从黄河南北推进到长江北岸，直接威胁南京，揭开了人民解放战争战略进攻的序幕。

1947 年 10 月 10 日，毛泽东为中国人民解放军总部起草宣言，首次提出"打倒蒋介石，解放全中国"的口号，并宣布共产党的八项政策，第一项是："联合工农商学兵各被压迫阶级、各人民团体、各民主党派、各少数民族、各地华侨和其他爱国分子，组成民族统一战线，打倒蒋介石独裁政府，成立民主联合政府。"随后，中共中央于同年 12 月在陕北米脂县杨家沟召开会议，全面制定了夺取全国胜利的行动纲领。毛泽东强调指出："这是一个历史的转折点。这是蒋介石的二十年反革命统治由发展到消灭的转折点。这是一百多年以来帝国主义在中国的统治由发展到消灭的转折点。"1948 年 3 月，为迎接全国解放战争胜利到来的新局面，毛泽东和周恩来、任弼时率领中共中央机关离开陕北，前往华北地区。

1948 年秋，人民解放军同国民党军进行战略决战的条件已经成熟。国民党统治区发生深刻政治经济危机，以学生运动为先导的人民民主运动即第二条战线业已形成；广大新老解放区深入开展土地改革运动，人民群众支援解放战争的积极性空前高涨；八路军、新四军统一编制，改称人民解放军，战斗力空前提高，国民党军接连遭受重创，只能收缩在大城市和铁路沿线实行重点防御。国民党政权已经陷于"四面楚歌"之中。在这种情况下，中共中央和毛泽东作出了将国民党军主力聚歼于长江以北的战略决策。1948 年冬到 1949 年春，经过辽沈、淮海、平津三大战役，摧毁了国民党赖以生存的军事力量。穷途末路的蒋介石被迫在 1949 年元旦发表"求和"声明，并宣布"下野"，由李宗仁任"代总统"，与中共谋求"和谈"事宜，妄想以长江为界"划江而治"。中共提出惩办战争罪犯、废除伪宪法和伪法统，改编一切反动军队等八项条件作为国共两党谈判基础，

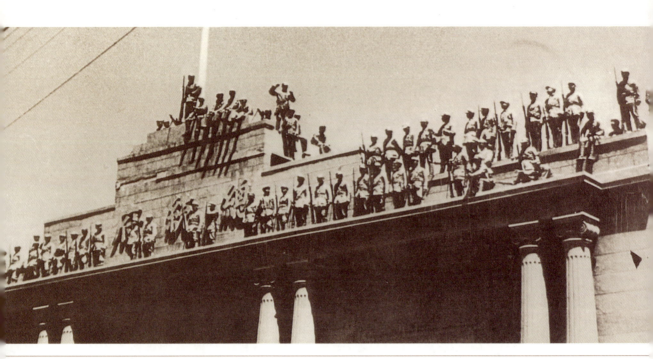

1949 年 4 月 23 日，人民解放军占领南京，国民党延续 22 年的反动统治宣告灭亡。图为人民解放军占领南京总统府。

并草拟了《国内和平协定》（最后修正案），由于国民党谈判代表拒绝在协定上签字，遂使谈判破裂。毛泽东、朱德发布命令发起渡江战役，人民解放军于 4 月 23 日占领南京，延续 22 年的国民党反动统治宣告灭亡。

1949 年 3 月 5 日至 13 日，中共七届二中全会在河北省平山县西柏坡召开。这是在中国革命胜利前夜召开的一次极其重要的会议。毛泽东在这次会议上所作的报告，是中国共产党创建新中国，并使中国逐步走上社会主义道路的纲领性文献。报告提出在全国胜利的局面下，党的工作重心必须由乡村移到城市，城市工作必须以生产建设为中心；规定了党在全国胜利以后，在政治、经济、外交方面应当采取的基本政策，特别着重地分析了当时中国经济各种成分的状况和党所必须采取的正确政策，指出了中国

由农业国转变为工业国、由新民主主义社会转变为社会主义社会
的发展方向。报告还向全党提出"两个务必"要求，即务必使同
志们继续地保持谦虚、谨慎、不骄、不躁的作风，务必使同志们
继续地保持艰苦奋斗的作风。毛泽东的这个报告，和他在同年 6
月所写的《论人民民主专政》一文，构成了为中国人民政治协商
会议第一届全体会议所通过的、在新中国成立初期曾经起了临时
宪法作用的《共同纲领》的政治基础。这次全会之后，中共中央
由河北省平山县西柏坡村迁往北平。创建新中国的各项工作正式
拉开了帷幕。

　　早在战略决战开始以前，创建新中国的准备工作即已开始。
1948 年 4 月 30 日，中共中央发布纪念五一节口号，呼吁"各民
主党派、各人民团体、各社会贤达迅速召开政治协商会议，讨论
并实现召集人民代表大会，成立民主联合政府"。从这年 8 月起，

　　1949 年 3 月 5 日至 13 日，中共七届二中全会在河北省平山县西柏坡召开。图为毛
泽东在全会上作报告。

各民主党派负责人、无党派人士接受中共中央邀请，甘冒生命危险，先后从香港、上海、北平及海外辗转进入东北、华北解放区。1949 年 1 月，北平和平解放后，他们又陆续会聚北平，团结在中国共产党周围，共商国是。

1949 年 6 月 15 日至 19 日，新政治协商会议筹备会第一次全体会议在北平举行。会议通过《新政治协商会议筹备会组织条例》，选举出由 21 人组成的常务委员会，推选毛泽东为主任，周恩来、李济深、沈钧儒、郭沫若、陈叔通为副主任，李维汉为秘书长。常委会下设六个工作小组，分别负责拟定参加新政协的单位及其代表名额，起草新政协组织条例、共同纲领、中央人民政府组织法、大会宣言，拟定国旗、国徽及国歌方案。

经过三个月的工作，新政治协商会议筹备会于 9 月 17 日召开第二次全体会议。会议通过《中国人民政治协商会议共同纲领》、《中国人民政治协商会议组织法》和《中华人民共和国中央人民政府组织法》三个文件草案。会议还正式决定将新政治协商会议定名为中国人民政治协商会议。

9 月 21 日，中国人民政治协商会议第一届全体会议在北平中南海怀仁堂隆重开幕。27 日，全体会议通过《中国人民政治协商会议组织法》、《中华人民共和国中央人民政府组织法》和国都、纪年、国歌、国旗四个决议案。决定以北平为首都，并从即日起改名为北京；采用公元纪年；在正式国歌未制定以前以《义勇军进行曲》为国歌；国旗为五星红旗。29 日，全体会议通过《中国人民政治协商会议共同纲领》等三个议案。

《中国人民政治协商会议共同纲领》（简称《共同纲领》），是新中国的建国纲领，在全国人民代表大会召开和制定宪法以前，具有临时宪法的作用。《共同纲领》包括序言、总纲和政权机关、

　　1949 年 9 月 21 日，中国人民政治协商会议第一届全体会议在北平中南海怀仁堂隆重开幕。图为会议会场。

军事制度、经济政策、文化教育政策、民族政策、外交政策等 7
章共 60 条，规定了中华人民共和国的国家性质和任务，以及国
家各个领域的基本方针和政策。《中国人民政治协商会议组织法》
规定，中国人民政治协商会议是全国人民民主统一战线的组织，
在普选的全国人民代表大会召开以前，代行全国人民代表大会职
权。《中华人民共和国中央人民政府组织法》规定，中央人民政
府对外代表中华人民共和国，对内行使国家权力。组织政务院以
为国家政务的最高执行机关，组织人民革命军事委员会以为国家
军事的最高统辖机关，组织最高人民法院及最高人民检察署以为

1949 年 10 月 1 日，毛泽东宣告中华人民共和国成立。

国家的最高审判机关和检察机关。

9月30日，全体会议选举出由180人组成的中国人民政治协商会议第一届全国委员会。会议选举毛泽东为中央人民政府主席，朱德、刘少奇、宋庆龄、李济深、张澜、高岗为副主席，陈毅等56人为中央人民政府委员会委员。至此，中国人民政治协商会议第一届全体会议在圆满完成创建中华人民共和国的庄严使命后宣告闭幕。

10月1日下午2时，毛泽东主席主持召开中央人民政府委员会第一次会议，宣布中央人民政府主席、副主席和委员就职，推举林伯渠为中央人民政府秘书长，任命周恩来为政务院总理兼外交部部长，毛泽东为人民革命军事委员会主席，朱德为人民解放军总司令，沈钧儒为最高人民法院院长，罗荣桓为最高人民检察署检察长。会议通过《中华人民共和国中央人民政府公告》（简称《政府公告》），决议接受《共同纲领》为政府的施政方针。

同日下午3时，在首都北京天安门广场隆重举行中华人民共和国中央人民政府成立典礼。首都30万人民群众会集天安门广场，共同见证这一伟大的历史时刻。林伯渠主持典礼，乐队高奏国歌。毛泽东庄严宣告：中华人民共和国中央人民政府已于本日成立了！随即亲手按动电钮，第一面五星红旗在祖国的蓝天中冉冉升起。伴随着《义勇军进行曲》的雄壮旋律，54门礼炮齐鸣28响，代表着中国共产党带领中国人民浴血奋斗的28年历程。接着，毛泽东宣读《政府公告》，声明"本政府为代表中华人民共和国全国人民的唯一合法政府"。

中华人民共和国的诞生，宣告中国人民当家作主的新时代已经到来。近代以来，帝国主义列强侵略压迫中国、欺凌奴役中国人民的屈辱历史一去不复返了，封建主义、官僚资本主义压迫人民、统治人民的黑暗历史一去不复返了，中华民族屡遭军阀割据、灾荒不断、战乱频仍的动乱历史一去不复返了。占人类总数 1/4 的中国人从此站起来了！中国历史从此开启了中华民族发展进步的新纪元。

第一章
中华人民共和国的诞生和
社会主义制度的确立

中华人民共和国的成立，标志着新民主主义革命的基本胜利和半殖民地半封建社会历史的终结，也标志着新民主主义国家政权的建立和向社会主义社会过渡的开始。

中国共产党从国民党政权接收下来的是一个烂摊子，物价飞涨、民不聊生、百废待兴。继续完成民主革命的遗留任务，巩固新生的人民政权，在统一财经的基础上迅速恢复国民经济，是当时面临的最为紧迫的任务。中国共产党依靠和动员全国人民，仅仅用了三年多一点的时间，就圆满完成了上述任务。

从 1953 年起，中国共产党学习借鉴苏联经验，有组织、有计划地领导实施国家工业化建设，成功启动了第一个五年计划。随后又适时提出党在过渡时期总路线，以社会主义工业化建设为主导，开始对个体农业、手工业和资本主义工商业进行社会主义改造，确立了社会主义基本经济制度。在这期间，制定了具有中国特色的第一部宪法，奠定了社会主义的国体、根本政治制度和基本政治制度。到 1956 年年底，提前完成了第一个五年计划和对生产资料私有制的社会主义改造，中国进入全面建设社会主义时期。

第一节 继续完成民主革命的遗留任务

一、进行全国的进军作战和剿匪作战

新中国成立时，西南地区全部和中南地区大部，西北、华东的部分地区及沿海岛屿，尚为国民党军队所占据。

从 1949 年 9 月中旬至 1950 年 6 月，人民解放军进行了肃清国民党残余军队的后期作战，重点为聚歼盘踞在华南一带的白崇禧集团和盘踞在西南地区的胡宗南集团，共歼敌 130 万人，收编改造 170 余万起义投诚的国民党军，解放了除西藏以外的全部中国大陆。原计划解放台湾的任务，由于朝鲜战争的爆发而中止。香港和澳门自古就是中国的领土。香港、澳门问题是因殖民主义侵略中国而造成的历史遗留问题，情况复杂，要采取另外的方式解决。中共中央确定了"暂时维持现状"和"长期打算，充分利用"的政策，就是要利用两地尤其是香港原有的地位、复杂海外关系和对外贸易，以利于新中国的经济恢复与工业化建设。

国民党政权在溃逃时遗留下大批残余力量，一度成为危害很

1949年9月中旬至1950年6月，人民解放军进行了肃清国民党残余军队的后期作战。图为1949年南京市民欢送人民解放军进军大西南。

大的反动势力。1950年1月至10月，全国共发生这些残余势力组织的武装暴乱816起，西南地区遭到匪特攻打、攻陷的县城有100座以上。当年，全国有近4万名干部和群众积极分子被杀害。新解放区人民群众强烈要求人民政府和人民解放军坚决消灭土匪，根绝匪患。

1950年3月，中央军委发出指示，强调剿灭土匪是当前全国革命斗争的一个重要方面，是人民解放战争的继续。中共中央、毛泽东提出了军事进剿、政治瓦解、发动群众武装自卫三者相结合的方针，规定了"镇压与宽大相结合"，"首恶者必办，胁从者不问，立功者受奖"的政策。人民解放军先后抽调150万兵力，按照中央的统一部署，开展由军队、地方和人民群众紧密配合的剿匪作战。

剿匪作战，对人民解放军来说，是全新而特殊的战斗任务，十分艰巨。华东、中南、西南地区的剿匪作战，历时都在三年以上。西北地区的剿匪前后历经五年之久。在剿匪作战中，尤以广西剿匪最为困难。广西大山林立，匪患严重。人民解放军派出 20 万人，对大瑶山、六万大山、十万大山、永淳（今横县）、钦州等地实施重点清剿，歼灭"粤桂边反共救国军"、"广西游击联军"等股匪 33 万余人，受到毛泽东的嘉奖。大规模剿匪作战至 1953 年基本完成，共毙、伤、俘土匪和争取土匪投降自新 270 万余人，结束了历代匪患久远、危害甚深的历史，有力地保护了人民安居乐业，稳定了社会秩序。

二、和平解放西藏

西藏地处祖国西南边陲，面积 120 多万平方公里，约占全国总面积的 1/8。在这块富饶土地上繁衍生息的民族中人数最多的是藏族，此外还有汉族、回族、门巴族、珞巴族、蒙古族、纳西族等民族。13 世纪，元朝实现了包括西藏在内的中国大统一。西藏从此成为中国的一个行政区域，也是政教合一的萨迦地方政权统治西藏的开始。

在全中国即将解放的时候，帝国主义分子策划西藏地方当局上层少数分裂势力加紧分裂活动，制造了"驱汉事件"，派出"亲善使团"，分赴英国、美国、印度、尼泊尔寻求"西藏独立"活动。

中央人民政府决定不失时机解放西藏。为了避免战争可能带来的动荡与破坏、加深民族之间的隔阂，经过深思熟虑和反复权衡利弊，中央决定在准备进军西藏的同时，力争以和平方式解决西藏问题，确定由西南局和西南军区担负进军及经营西藏的任务，由西北局和西北军区予以支援和配合。1950年5月29日，中央批准由西南局第一书记邓小平拟定的同西藏地方政府进行谈判的十项条件。

然而，西藏地方政府中的分裂势力，在帝国主义的支持下，拒绝与中央人民政府谈判，并加紧分裂活动。他们扣留西北局派遣的劝和代表团人员，在昌都杀害了前往拉萨劝说达赖喇嘛接受谈判的格达活佛；同时紧锣密鼓地扩充藏军，从国外购买武器弹药，在入藏的咽喉要道昌都一带加紧布防，妄图阻挠人民解放军进军西藏。

1950年10月，中国人民解放军发起昌都战役。经过19天、大小战斗20余次，歼灭藏军5700人，解放了藏东重镇昌都。昌都战役基本上摧垮了藏军的主力，打开了进军西藏的门户，为和平解决西藏问题铺平了道路。

经中央人民政府再三敦促和西藏上层爱国力量的推动，1951年2月，达赖喇嘛任命阿沛·阿旺晋美为西藏地方政府首席全权代表，组成代表团赴北京同中央人民政府进行和平谈判。同时，中央人民政府还邀请班禅额尔德尼·确吉坚赞从青海赴京。

从4月29日起，以李维汉为首席全权代表的中央人民政府代表团与西藏地方政府代表团进行了22天的谈判。谈判主要围绕三个问题展开：第一，西藏是中华人民共和国领土的一部分，人民解放军进藏保卫国防理所应当，不能改变。第二，在西藏实行民族区域自治和成立军政委员会。何时在西藏实行民族区域自治，可由西藏人民自己决定。军政委员会是中央人民政府的代表机关，并不是用军政委员会代替西藏地方政府。第三，十世班禅

返藏问题。班禅离藏是历史遗留问题，只有班禅返回西藏，西藏
各民族才能真正实现团结，西藏问题才能圆满解决。

1951 年 5 月 23 日，中央人民政府代表与西藏地方政府代表
在北京中南海勤政殿隆重举行《中央人民政府和西藏地方政府关

1951 年 5 月 23 日，中央人民政府代表与西藏地方政府代表在北京中南海勤政殿隆
重举行《中央人民政府和西藏地方政府关于和平解放西藏办法的协议》签字仪式。图为
24 日晚，毛泽东举行盛大宴会庆祝《协议》签订。左为阿沛·阿旺晋美，右为班禅额尔
德尼·确吉坚赞。

于和平解放西藏办法的协议》（以下简称《协议》）签字仪式。24日晚，毛泽东举行盛大宴会，庆祝《协议》签订。28日，《人民日报》以汉、藏两种文字全文公布了《协议》。随后，毛泽东任命张经武为中央人民政府驻藏代表。7月16日，张经武在亚东向达赖喇嘛递交《协议》副本和毛泽东给达赖的信。在中央人民政府的感召下，达赖喇嘛于8月17日返回拉萨。

1951年10月26日，人民解放军主力部队抵达拉萨，受到拉萨市两万多各族群众的热烈欢迎。随后，人民解放军进驻西藏各个防区，五星红旗在雪域高原上飘扬。西藏的和平解放，捍卫了国家主权和领土完整，实现了祖国大陆的基本统一，西藏历史由此掀开新篇章。

三、没收官僚资本与建立国营经济

在国民党统治的22年里，特别是抗战胜利以后，官僚资本迅速膨胀，控制了全国银行总数的70％和产业资本的80％，以及全部铁路、公路、航空运输和44％的轮船吨位。因此，没收官僚资本为国家所有，既是彻底完成民主革命任务的题中应有之义，也是共和国掌握国家经济命脉、确立国营经济在国民经济中的领导地位的重要前提。

没收官僚资本总的原则是"原封不动"，对被接管企业的职工和企业管理人员，保持原职、原薪、原制度，对一时来不及接管或尚无能力接管的企业，暂时委托原管理人负责管理，照常经营。如果原管理人已离开，企业处于停业状态，则由工人和技师选出代表，组织管理委员会进行管理，由人民政府委任经理或厂

长，同工人一起进行管理。到 1950 年年初，合计接管官僚资本
的工矿企业 2800 余家，金融企业 2400 余家。人民政府陆续在这
些企业中开展民主改革，废除了旧社会遗留的恶习，改革不合理
制度，建立企业管理委员会，实行民主管理，开展劳动竞赛，使
企业真正成为社会主义性质的企业。

人民政府还废除了帝国主义利用各种不平等条约在中国获取
的经济特权，妥善处理外资在华企业，收回长期被帝国主义把持
的中国海关，实行对外贸易的管制，维护了国家的独立、主权，
保护了国家利益。

四、废除封建土地制度

实行土地改革、废除封建土地制度，是中国共产党长期为之
奋斗的目标之一。新中国成立以前，拥有 1.25 亿人口的老解放区
进行了土地改革，约占全国农业人口 1/3 的农民解决了土地问题，
全国尚有约占总数 2/3 的农民还被束缚在封建土地制度之下。

1950 年 6 月 6 日，毛泽东在中共七届三中全会上的讲话中指
出，完成土地改革是争取国家财政经济状况基本好转、开始有计
划经济建设的重要条件之一。6 月 28 日，中央人民政府委员会讨
论并通过了指导土地改革的纲领性文件《中华人民共和国土地改
革法》（以下简称《土地改革法》）。

新中国成立以后制定的《土地改革法》，与 1947 年在解放
战争期间发布的《中国土地法大纲》及其后的有关文件比较，有
几点新变化：第一，将征收富农多余土地财产的政策改变为保存
富农经济的政策；第二，将对中农的土地由彻底平分改为完全不

为了加强土改工作的领导，党和政府组织了有党政军干部、民主人士、知识分子等组成的土改工作队，深入农村。图为1950年冬四川金堂县农民欢迎土改工作队进村。

动；第三，对地主，除没收土地、耕畜、农具、多余粮食及其在乡村多余的房屋外，其他财产不予没收。这些政策调整，有利于保护中农和团结民族资产阶级，有利于减少土地改革的阻力，有利于社会的稳定和工商业的发展。

土改运动中，坚决贯彻执行"依靠贫农、雇农，团结中农，中立富农，有步骤地有分别地消灭封建剥削制度，发展农业生产"的总路线和总政策，反对用行政命令的方法把土地"恩赐"给农民的"和平土改"。在工作方法上，强调要有领导、有计划、有步骤、有秩序地进行。把放手发动群众同用党的政策武装群众、引导群众结合起来。为了加强土改工作的领导，党和政府还组织了有党政军干部、民主人士、知识分子等组成的土改工作队，深入农村。

到 1953 年春，全国除一部分少数民族地区及台湾省外，土地改革都已完成。通过新中国成立前后老区土改和新区土改，共没收了地主阶级约 7 亿亩（约合 4700 万公顷）土地和大批耕畜、农具、房屋、粮食，分给了约 3 亿无地少地和缺少生活资料的农民。土地改革彻底消灭了延续两千多年的封建土地所有制，使农民从封建土地关系的束缚中彻底解放出来，带来了农村生产力的大解放，为中国逐步实现工业化扫除了障碍。

少数民族地区的土地改革措施和步骤更为慎重稳妥，对待少数民族中的剥削阶级分子，特别是民族、宗教上层人士，政策更宽一些；改革的过程更长一些。西藏地区的民主改革是在 1959 年 6 月平息叛乱以后，西藏自治区筹委会通过《关于进行民主改革的决议》，才在全区有步骤有区别地陆续展开。在将近两年时间内，全区基本上完成了民主改革，实现了从封建农奴制向社会主义制度的历史性跨越。

五、移风易俗的社会改造

娼妓制度是剥削制度的产物，也是中国历史上一个严重的社会问题。在旧中国，有近万家妓院。1947 年在上海以卖淫为生者不下 10 万人。

新中国成立后，政府把废除娼妓制度作为改造社会的一项重要内容。具体做法是：封闭妓院，惩治老板，取缔嫖娼，改造妓女。北京市率先采取行动。1949 年 11 月 21 日下午，北京市第二届各界人民代表会议通过《关于封闭妓院的决定》。会议一结束，从当日下午5时半开始采取统一行动，将全市224家妓院在一夜之间全部封闭。400多个老鸨、领家被收审法办，1300多名妓女获得解放。她们被送到教养院医治性病，学习政治、文化和生产技能，并帮助她们成家和就业，使之成为自食其力的劳动妇女。接着，全国各大城市和有妓院的城镇相继采取类似的办法。经过一年的整治，根除了娼妓制度。

吸毒、贩毒、制毒是旧中国危害社会的最大公害之一。新中国刚成立时，社会上的吸毒现象令人触目惊心。据统计，当时吸毒者约2000万人，占全国总人口的4.4%。1950年2月24日，政务院下达《关于严禁鸦片烟毒的通令》，要求各级政府设立禁烟禁毒委员会，制定限期禁绝办法，督促查禁。各级政府根据《关于严禁鸦片烟毒的通令》精神，强制封闭烟馆，勒令制毒、贩毒者自首投案，追缴毒品，并动员群众揭发检举，对首犯、惯犯严加惩处；同时进行广泛的宣传教育，提高群众的觉悟，帮助吸毒者、嗜毒者自觉地戒毒，对于贫困者给予"免费或减价医治"。为了加大对毒犯的打击力度，除恶务尽，1952年4月15日，中共中央发布《关于肃清毒品流行的指示》，要求各地大规模地开展群众性的禁毒运动，重点打击制毒贩毒的罪犯。在全社会禁毒的强大压力下，毒犯受到极大震慑，不少人主动前往公安机关坦白悔过。到1952年年底，为害一个多世纪的吸毒贩毒现象被彻底根除。这是世界禁毒史上的一个奇迹。

在漫长的封建社会，妇女遭受族权、夫权的严重束缚，人身和婚姻都不得自由。妇女解放，是中国共产党的一贯主张。改革婚姻制度是中国共产党推进民主改革和社会改造的一个重要方面。1950年5月1日，中央人民政府颁布施行《中华人民共和国婚姻法》。这是新中国颁布的第一部基本法律。其中明确规定：

1950 年 5 月 1 日，中央人民政府颁布施行《中华人民共和国婚姻法》。这是新中国
颁布的第一部法律。图为北京市的基层干部在街头书写宣传婚姻法的黑板报。

废除包办强迫、男尊女卑、漠视子女利益的封建主义婚姻制度；
实行男女婚姻自由、一夫一妻、男女权利平等、保护妇女和子女
合法利益的新民主主义婚姻制度；禁止重婚、纳妾，禁止童养媳；
禁止干涉寡妇婚姻自由，禁止任何人借婚姻关系索取财物。这部
法律一颁布，就受到广大群众特别是妇女的热烈拥护。在宣传婚
姻法的过程中，曾经在抗日根据地和解放区广为流行、反映争取

婚姻自由的由新凤霞主演的评剧《刘巧儿》和由赵树理的小说改编的戏剧《小二黑结婚》等，受到群众的欢迎。婚姻自由成为社会风尚，同时也为妇女参加政治活动、经济活动和其他社会活动创造了条件，有效地推进了妇女解放事业。在城市，越来越多的妇女走出家门，参加工作。1949 年，全国女职工人数为 60 万人；1952 年上升到 184.8 万人。

改善生活环境，培养卫生习惯，是新中国成立后革除陋习、树立新风的又一项重要工作。新中国成立后，各地发动了大规模的清洁扫除运动。从 1952 年开始，在全国范围内开展全民性爱国卫生运动。从中央到地方，从军队到学校都先后建立了爱国卫生运动委员会，宣传卫生科学知识，破除封建迷信，动员一切社会力量，人人动手，讲究卫生，改善环境，创造了中外公共卫生史上的奇迹。

旧中国把人分成三六九等，很多职业被看成是下贱和卑微的。底层劳动者，如剃头修脚的工匠、黄包车夫、掏粪工、清洁工、走街串巷的小五金匠、街头卖艺的民间艺人等，被称为"下九流"，备受凌辱和歧视。新中国成立后，大力倡导人与人之间只有社会分工不同，没有高低贵贱之分，并给这些劳动者与其他人一样的政治地位。一些在旧社会惯用的称呼，如"大人"、"老爷"、"太太"、"老妈子"、"下人"等被废弃，"同志"这一亲切的称呼，成为新社会交往中最受欢迎的用语。

在旧中国，宗教往往成为封建主义进行精神统治、帝国主义推行文化渗透的工具。新中国成立后，人民政府一方面坚持宗教信仰自由的基本政策，另一方面倡导在宗教界内部自主进行宗教制度改革，使宗教走上了与新社会相适应的健康发展轨道。1953年 5 月，中国佛教协会成立。同月，中国伊斯兰教协会成立。1957

年 4 月，中国道教协会成立。经过开展"三自"（自治、自养、自传）爱国运动，中国天主教和基督教根除了与帝国主义的联系。1957 年 8 月，"中国天主教友爱国会"成立，标志着中国信教群众开始走上了自办天主教的道路。这些协会成立时，都通过了体现爱国进步精神的协会章程，成为各自历史发展的新的里程碑。

第二节　巩固新生的人民政权

一、抗美援朝战争

1950 年 6 月 25 日，朝鲜内战爆发。27 日，美国总统杜鲁门命令美军驻太平洋第七舰队侵入台湾海峡，声称"阻止对台湾的任何进攻"，美国的行径不仅严重侵犯了中国的主权和领土完整，威胁了新中国的安全，而且在关键时刻阻挠了中国统一的进程。随后，美国操纵联合国安理会通过非法决议，纠集以美国为首的16 个国家组织"联合国军"，武装入侵朝鲜。

中国政府对于美国的侵略行径立即作出反应。6 月 28 日，毛泽东发表讲话，号召"全国和全世界的人民团结起来，进行充分的准备，打败美帝国主义的任何挑衅"，表明中国的严正立场。7 月 13 日，中央军委作出《关于保卫东北边防的决定》，着手组建东北边防军，使中国在战略上处于主动地位，避免了临急应战。

9 月 15 日，以美国为首的"联合国军"从仁川登陆，并很快进抵"三八线"。9 月 30 日，经毛泽东决定，周恩来发出严正警告：

"中国人民热爱和平，但是为了保卫和平，从不也永不害怕反抗侵略战争。中国人民决不能容忍外国的侵略，也不能听任帝国主义者对自己的邻人肆行侵略而置之不理。"因为中美没有外交关系，10月3日，周恩来紧急约见印度驻华大使潘尼迦，要他转告美国政府，如果美军企图越过"三八线"，扩大战争，"我们不能坐视不顾，我们要管"。美国当局低估了中国人民的决心和力量，对中国政府的多次警告充耳不闻。"联合国军"于10月7日越过"三八线"，19日占领平壤，进而把战火引向鸭绿江边，严重威胁中国的国家安全。在这紧急关头，应朝鲜党和政府的请求，在反复权衡利弊后，中共中央作出了抗美援朝、保家卫国的战略决策。10月8日，中央军委主席毛泽东签署命令，组成中国人民志愿军，任命彭德怀为司令员兼政治委员。

10月19日黄昏，中国人民志愿军第一批出国作战部队雄赳赳、气昂昂跨过鸭绿江。骄横的敌人根本没有料到中国会出兵参战，仍长驱直入，分兵冒进。10月25日，中国人民志愿军利用战略上的突然性，在运动中捕捉战机，出其不意，首战告捷，揭

1950年10月19日黄昏，中国人民志愿军第一批出国作战部队雄赳赳、气昂昂跨过鸭绿江。

开了第一次战役的序幕。一年以后，中国人民将这一天定为中国人民志愿军抗美援朝纪念日。第一次战役，把"联合国军"从鸭绿江边赶到清川江以南。

"联合国军"还没有从迷梦中醒来，继续部署于"圣诞节前结束战争"的总攻势。毛泽东、彭德怀决定采取诱敌深入、集中优势兵力各个歼灭敌人的方针，于11月下旬发动第二次战役。第二次战役历时一个月。中国人民志愿军在敌人机群狂轰滥炸、我军供应不足且气候严寒的极端条件下，歼灭和重创包括美军"王牌"陆战第一师在内的大批敌军，再战告捷，迫使"联合国军"从总进攻变成总退却，一直退到"三八线"以南。这两次战役，从根本上扭转了朝鲜战局，为抗美援朝战争的胜利奠定了基础。以后，又相继进行了互有进退攻守的第三至第五次战役，到1951年6月10日止，五战五捷，共歼敌23万余人，把战线稳定在"三八线"附近。

经过第四次和第五次战役，美国政府意识到，要打到鸭绿江边迅速结束朝鲜战争已经毫无希望，于是试图通过谈判结束战争。从1951年7月开始，双方在开城（后迁至板门店）举行停战谈判。自此，战争进入边谈边打的相持阶段。

使美国知难而退、通过谈判结束战争，这是中共中央在出兵参战时即有所设想的。但是，美方并不想轻易结束战争，而是想通过谈与打两手并用的办法得到更多的利益。在近两年的时间里，美方在军事分界线、交换战俘等问题上不断设置障碍以破坏谈判，并不断以武力相要挟，企图用空中绞杀、海岸进攻等军事压力迫使中朝双方在谈判中屈服。美国动用了它的全部陆军的1/3、空军的1/5和海军的近半数投入朝鲜战场，致使停战谈判两年间出现了时谈时打、边谈边打、打谈交错的局面。

　　中朝双方派出强大阵容参加谈判。与此同时，中国人民志愿
军贯彻"持久作战，积极防御"的战略方针和毛泽东提出的"零
敲牛皮糖"的战术指示，构筑坑道，以阵地防御和运动战相结合，
积极进行战术反击作战，发扬大无畏的英勇战斗精神粉碎了敌军
的一次次进攻。此时，得到苏联支援的中国人民志愿军空军也开
始出战。中朝人民军队以打促谈，美国在战场上没有得到的东西，
在谈判桌上同样没有得到。

　　1953 年 7 月 27 日，《朝鲜停战协定》在板门店正式签字。
朝鲜战争以中朝军队和人民的胜利宣告结束。

　　在中国人民志愿军英勇作战的同时，国内开展了轰轰烈烈的
抗美援朝运动。1950 年 10 月 26 日，"中国人民抗美援朝总会"
成立，统一领导全国的抗美援朝运动。全国掀起参军、参战、支
援前线的热潮。各行各业节衣缩食，踊跃捐献飞机。到 1952 年 5
月底，全国共捐献人民币 5.565 亿元，折合 3710 架战斗机。中共

1953 年 7 月 27 日，《朝鲜停战协定》在板门店正式签字。朝鲜战争以中朝军队和
人民的胜利而告结束。图为"联合国军"总司令马克·克拉克在《朝鲜停战协定》上签字。

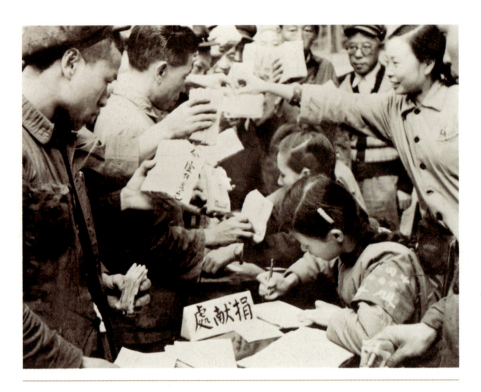

在志愿军英勇作战的同时，国内开展了轰轰烈烈的抗美援朝运动。图为重庆市工商业者踊跃捐献。

中央和毛泽东提出"边打、边稳、边建"方针，使抗美援朝运动成为促进国民经济恢复发展的巨大推动力。为保证前线的物资供应，全国工人、农民掀起爱国主义生产劳动竞赛和增产节约运动，提出"工厂就是战场，机器就是枪炮"，"要人有人，要粮有粮"等口号，自愿加班加点，支援前线。

抗美援朝战争胜利具有深远影响。中国人民志愿军打破了美军不可战胜的神话，极大地推进了人民解放军的现代化进程。"它雄辩地证明：西方侵略者几百年来只要在东方一个海岸上架起几尊大炮就可霸占一个国家的时代是一去不复返了。"中国人民在这场严酷的战争中，谱写了气吞山河的英雄壮歌，创造了伟大的抗美援朝精神，先后涌现出包括杨根思、黄继光、邱少云等 30 多万名三等功以上的英雄功臣和近 6000 个集体功臣，成为当代中国宝贵的精神财富。这场为和平和正义而战的战争，展示了中华民族的浩然正气，极大地提高了中国的国际地位，赢得了世界各国人民的尊敬，提升了中国在处理亚洲和国际事务中的分量，也为国内进行大规模和平建设赢得了相对稳定的外部环境。

二、镇压反革命运动

国民党败退台湾后，在大陆残留了一大批反革命分子，他们不甘心失败，继续进行破坏和捣乱，特别是朝鲜战争爆发后，反革命活动更为猖狂。他们以为"第三次世界大战"即将爆发，美国人就要打过鸭绿江，蒋介石"反攻大陆"的时机已到，便纷纷冒出头来，在各地进行破坏活动。

在反革命分子日益猖獗的情况下，一些领导部门和干部却存在着严重的和平麻痹思想和对反革命分子"宽大无边"的错误倾向。虽然 1950 年 7 月 23 日政务院、最高人民法院联合发出了《关于镇压反革命活动的指示》，却没有引起他们的重视。群众对此很不满意，说"天不怕，地不怕，就怕共产党讲宽大"。

针对这种情况，1950 年 10 月 10 日，中共中央发出《关于镇压反革命活动的指示》[①]，在全国范围内大张旗鼓地开展了一场镇压反革命运动。镇压的重点是土匪（匪首、惯匪）、特务、恶霸、反动党团骨干分子和反动会道门头子。斗争中实行公安、司法机

① 《中共中央文件选集》第 4 册，人民出版社 2013 年版，第 158 页。

镇压反革命运动中，绝大多数有罪行的反革命分子都受到了不同程度的惩处。图为1951年6月24日，山西省文水县各界在云周西村公审杀害刘胡兰烈士的凶手张全宝、侯雨寅大会会场。

关与广大人民群众相结合的方法，吸收民主党派及各界人士参加。毛泽东提出"稳、准、狠"的镇压反革命工作方针。1951年2月，中央人民政府颁布《中华人民共和国惩治反革命条例》，规定了处理反革命案件的原则和办法，使镇压反革命运动有法可依、量刑有据。

镇压反革命运动有力地打击了敌对势力的嚣张气焰。至运动结束时，据对华东、中南、华北、东北四大行政区的统计，被逮捕判刑的反革命分子中，土匪占40.24%，特务占13.84%，恶霸占33.41%，反动党团骨干分子占6.84%，反动会道门头子占5.67%。镇压反革命运动普遍发动起来后，一些地方也一度出现量刑过重、错捕错杀现象。为了纠正这些现象，1951年5月，毛泽东代中共中央起草了《关于对犯有死罪的反革命分子应大部采取判处死刑缓期执行政策的决定》。这个决定采取两项重大措施。一是实行判处死刑、缓期执行、以观后效的政策；二是对执行死刑的极少

数人一律报请大行政区或大军区批准。随后，还召开第三次全国
公安会议，认真贯彻上述两项措施，实行谨慎收缩方针，集中力
量处理积案。实行判处死刑、缓期执行、以观后效的政策，是新
中国在司法上的一个创举。第三次全国公安会议的召开，对保证
镇压反革命运动健康发展起了决定性作用。至 1953 年秋，全国
镇压反革命运动基本结束。

镇压反革命运动是在新中国成立之初敌我矛盾还很突出条件
下进行的一场尖锐的阶级斗争，绝大多数有罪行的反革命分子都
受到了程度不同的惩处。山西省文水县云周西村公审杀害刘胡兰
烈士的凶手张全宝、侯雨寅；武汉法办当年参与制造"二七惨案"、
杀害优秀共产党员林祥谦及大批铁路工人的凶手赵继贤；成都公
审杀害李公朴、闻一多的凶手王子民；重庆公审杀害邓演达的凶
手李熙元等。通过镇压反革命运动，基本上清除了国民党反动派
在大陆的残余势力，以及长期危害人民和社会安定的各种匪患与
黑社会势力，巩固了人民民主专政，全国社会治安情况大为好转。

三、"三反"、"五反"运动

为支援抗美援朝战争，从 1951 年 10 月起，国内广泛开展了
爱国增产运动。运动中，揭发出不少贪污和违法乱纪现象。东北
局在向中央的报告中列举了一些干部严重贪污的事例。华北局向
中央报告了河北省揭发出刘青山、张子善在任中共天津地委书记、
天津地区行署专员期间堕落为大贪污犯的严重情况。各中央局的
报告，引起中共中央和毛泽东的高度重视。12 月 1 日，中共中央
作出《关于实行精兵简政、增产节约、反对贪污、反对浪费和反

对官僚主义的决定》，要求全国从中央到地方，大张旗鼓，雷厉风行，形成有力的社会舆论和群众威力，彻底揭露一切大中小贪污事件，着重打击大贪污犯，对中小贪污犯采取教育改造不使重犯的方针。"三反"运动很快在全国形成高潮。

党中央及时抓住典型重大案件严肃处理。北京市举行公审大会，最高人民法院对7名贪污犯进行宣判。经最高人民法院核准，河北省人民法院宣判刘青山、张子善死刑。当有人为刘青山、张子善说情时，毛泽东斩钉截铁地说：只有处决他们，才可能挽救二十个、两百个、两千个、两万个犯有各种不同程度错误的干部。

"三反"运动至1952年10月结束。经查实，贪污1000万元（这里指人民币旧币，1万元旧币等于1元新币）以上的共有10万多人，贪污总金额达6万亿元。其中，被判处有期徒刑9942人，被判处无期徒刑67人，被判处死刑42人、死缓9人。"三反"运动教育了干部的大多数，挽救了犯错误的同志，清除了党和国家干部队伍中的贪污腐败分子。"这是共产党人统治国家的一次很好的学习，对全党和全国人民具有很大的意义。"

"三反"运动在党和国家机关开展以后，各地各部门从许多揭发的材料看出，一切重大贪污案件往往是私商和干部中的蜕化分子相勾结，共同盗窃国家财产。鉴于这种严重情况，中共中央决定，在党政军机关工作人员中开展"三反"斗争的同时，在工商界开展一场反对行贿、偷税漏税、盗骗国家财产、偷工减料和盗窃国家经济情报（通称"五毒"）的"五反"斗争。

在当时，既要打击不法资本家的违法行为，还要调动民族资产阶级经营企业的积极性。人民政府按照过去从宽，今后从严；多数从宽，少数从严；坦白从宽，抗拒从严的原则，将"五反"运动涉及的工商业者分为守法户、基本守法户、半守法半违法户、

图为青岛市店员举行"五反"游行。

严重违法户和完全违法户五类定案处理。在华北、东北、华东、西北、中南、西南地区参加"五反"运动的 99.97 万户工商业者中，受到刑事处分的有 1509 人，占总户数的 1.5‰。另据北京、天津、上海等八大城市统计，定为守法户、基本守法户和半守法半违法户的占工商户总数的 97% 以上。①

　　全国范围的"五反"运动至 1952 年 6 月结束。"五反"运动打击了不法资本家的严重违法行为，在工商业者中普遍进行了一次守法经营的教育，推动了在私营企业中建立工人监督和实行民主改革，为后来用和平方式逐步改造资本主义工商业作了重要铺垫。

①　见《建国以来重要文献选编》第 3 册，中央文献出版社 2011 年版，第 346—347 页。

第三节　在统一财经的基础上全面恢复国民经济

一、稳定物价

新中国成立之前，国民党政府滥发货币，造成全面抗战开始以来持续 12 年的恶性通货膨胀，财政金融体系全面崩溃。投机资本乘机扰乱金融市场和商品市场，囤积居奇、浑水摸鱼，加剧了经济混乱，人民群众深受其害。

新生的人民政权要想打牢根基、站稳脚跟，必须尽快扭转这种混乱局面，使人民币占领全国市场，在此基础上集中打击投机资本，遏制通货膨胀，稳定物价。为此，人民政府同投机资本先后在金融市场和商品市场上进行了两大"战役"。

先是"银元之战"。北平、天津、上海、武汉等大城市解放后，各地军事管制委员会及时宣布人民币为金融市场流通的唯一合法货币。针对当时猖獗的银元投机，人民政府明令禁止黄金、银元以及外币在市场上自由流通，一律由人民银行挂牌收兑，坚决打击倒卖金银。投机商对此置若罔闻，上海市斗争最为激烈。有人

反对银元投机 保障人民生活大游行 西一中南三二生学园

1949 年 6 月 10 日，上海市公安局奉命突击检查并查封了上海金融投机大本营证券大楼，逮捕正在进行非法交易的投机巨头及银贩。图为 6 月 11 日上海学生举行"反对银元投机 保障人民生活大游行"。

叫嚣说解放军进得了上海，人民币进不了上海。各级政府断然采取措施。1949 年 6 月 9 日，上海市公安局逮捕了最大的银元投机分子并没收其财产。商店也与人民政府合作，拒收银元。6 月 10 日，华东区公布金银管理暂行办法，上海市公安局奉命突击检查并查封了上海金融投机大本营证券大楼，逮捕了正在进行非法交易的投机巨头及银贩。从此，金融市场的控制权，掌握在人民政府手里。

接下来是"米棉之战"。投机资本家在金融市场失利之后，又囤积粮食、煤炭、棉纱等，扰乱市场。从 1949 年 7 月底开始，涨价风潮再起。到 10 月中旬，几个大城市物价猛涨一倍半。这次较量的主战场仍然在上海。特务分子甚至公然叫嚣：只要控制了两白（米、棉）一黑（煤），就能置上海于死地。当时主持全国财经工作的陈云精心组织了一场"米棉之战"。在全国范围内组织了粮食、棉花、棉布、煤炭的大规模调运和集中，物价上涨最厉害的时候，全国各大城市按照中央的统一部署，依靠国营经济，一致行动，敞开抛售，使物价迅速下跌。同时，又紧缩银根，使投机商资金周转失灵，纷纷破产，一举击溃投机势力。各地市场从11月25日起趋向稳定，至12月上旬，物价风潮告一段落。人民政府经过这次斗争，基本掌握了市场主动权。

二、统一财政经济

"银元之战"、"米棉之战"两大战役的胜利，证明统一全国财政经济的极端重要性。新中国成立前，各解放区的财政实行的是分散管理、各有货币、自管收支的管理办法，远不能适应执掌全国政权后的形势。

早在中共七届二中全会上，就决定建立中央财经委员会统一领导全国财经工作。1949年7月12日，中央财政经济委员会正式成立，陈云为主任，薄一波为副主任。同年10月21日，在此基础上建立中央人民政府政务院财政经济委员会（简称"中财委"）。

1950年2月，中财委召开第一次全国财经会议，集中讨论统一财经、紧缩编制、现金管理、物资平衡四大问题。会议作出《关于统一国家财政经济工作的决定》，并经政务院批准于同年3月3日颁布施行。根据这个决定，3月24日政务院通过《关于统一管理1950年度财政收支的决定》。基本内容有：第一，统一全国财政收支管理。重点是统一收入，保证中央财政的需要。第二，统一全国物资管理。在对国有资产清仓查库的基础上，由中财委

1949 年 7 月 12 日，中央财政经济委员会正式成立，在此基础上建立中央人民政府
政务院财政经济委员会。图为陈云（前排左六）、薄一波（前排左五）、马寅初（前排
左七）和中财委委员合影。

统一调拨所有库存资产，以提高物资利用效率，减少财政支出与
向国外的订货。第三，统一全国现金管理。主要是把所有属于国
家而又分散在各企业、机关、部队、合作社的现金，由国家银行
统一管理，集中调度。通过这些决定的实行，形成了以集中统一
为基础的财经管理体制的雏形。

　　国家实行统一管理财政经济，在很短的时间就取得了显著的
成效。从 1950 年 4 月开始，国家的财经状况出现好转，收支接

近平衡。到 1950 年年底，国家财政赤字由原概算的 18.7％减少为 4.4％。1952 年，国家财政收入总额超过支出，达到收支平衡并略有节余。国家还开始适度举债，增加财政收入。1950 年 1 月，国家正式发行人民胜利折实公债。1950 年 2 月 14 日，中苏签订了关于中国向苏联借款 3 亿美元的协定，开始利用外债。

建立集中统一程度较高的财经管理体制，是在当时国家生产力水平低下、经济发展极不平衡的历史条件下的正确选择。这一措施结束了旧中国几十年财政收支不平衡的局面，对于克服财政赤字、稳定市场、恢复和发展经济方面是成功的，对全面恢复和发展国民经济起了重要作用，并由此逐渐形成了集中统一为基础的财经管理体制。

三、调整工商业

在平抑物价和统一财经中，采取紧缩银根的措施，对部分工商业经营产生了不利影响。再加上物价趋向稳定以后，市场供求关系出现了新的变化，产生了商品滞销并跌价的问题，致使部分工厂关门、商店歇业，失业人数增加。另外，也还有产业结构调整的原因，由于社会变化了，原先为剥削阶级服务的奢侈品等行业失去存在的条件。当时，资本主义工商业在国民经济中占有重要地位，在全国工业产值中占 48.7％，在商业批发额中占 76％，在零售总额中占 83.5％。工商业遇到的这些困难，直接影响到人民生活、就业和国民经济恢复。

1950 年 4 月 13 日，毛泽东主持召开中央人民政府委员会第七次会议，专题研究资本主义工商业的困难问题，明确提出今后

几个月的财经工作重点，应放在调整工商业上。同年 6 月召开的
中共七届三中全会上，毛泽东将调整工商业作为争取国家财政经
济状况根本好转的三个条件之一提了出来。

工商业的调整，主要措施是调整公私关系、劳资关系和产销
关系。具体做法是：第一，调整工业的公私关系，扩大政府对私
营工业的加工订货和收购包销，扶持私营工业，协助其解决原料、
销路、资金周转等困难。第二，调整商业的公私关系，按照稳定
物价及产、运、销三者有利的原则调整价格，规定适当的批零差
价和地区差价，使私营商业有利可图。第三，改进对私营工商业
的管理办法。除若干必须通过集中交易才能控制的商品外，允许
场外成交。改进交易所的管理办法，简化手续，便利购销。第四，
调整产销关系，减少私营工商业在生产经营上的盲目性。第五，
调整劳资关系。根据"公私兼顾、劳资两利"原则，做好劳资双方
的工作，确保工人民主权利、有利发展生产、通过民主协商解决劳
资问题，国家还调整了贷款政策，对私营工商业适当扩大贷款额。

经过全国范围的工商业调整，私营工商业资本有相当的恢
复和发展。据统计，1951 年同 1950 年相比，全国私营工业户从
13.3 万户增加到 14.76 万户，私营商业户从 402 万户增加到 450
万户。调整工商业不仅使得工商业得到健康发展，而且进一步巩
固了国营经济的领导地位，为过渡时期对私营资本主义工商业进
行社会主义改造创造了良好条件。

四、恢复和建设基础设施

恢复国民经济，首先从恢复和建设基础设施开始，而抢修和

新建铁路又是重点之一。从 1872 年上海筹建吴淞铁路到 1949 年的 70 多年，全国只有干支线 26857 公里（包括台湾省），能够勉强维持通车的线路不过 1.1 万公里，年客运量仅 1 亿人次，货运量仅 5000 多万吨。由于多年战争破坏，在各地解放和接管时无一条铁路线能够全线通车。1949 年 1 月，中国人民革命军事委员会成立铁道部，统一领导各解放区铁路的修建、管理和运输。中华人民共和国成立后，军委铁道部改组为中央人民政府铁道部。广大铁路职工和铁道兵指战员在"解放军打到哪里，铁路就修到哪里"的口号鼓舞下，修复主要线路。到 1949 年年底，全国通车的铁路已达 21810 公里，基本恢复了原有的铁路网。

在修复旧路的同时，中央人民政府及时谋划新线建设。从 1950 年起，先后动工新建成渝（成都至重庆）铁路、天兰（天水至兰州）铁路和湘桂铁路来镇段（来宾至镇南关）。宝成（宝鸡至成都）路和兰新（兰州至乌鲁木齐）路的部分路段也开始动工修建。至 1952 年年底，全国新建铁路 1320 公里。铁路运输的恢复和发展，为经济的恢复和发展创造了有利条件。

从 1901 年出现最早的公路起到 1949 年，全国公路在战火中屡建屡废。到新中国成立前夕，全国能通车的公路仅 5.4 万公里，而且路况极差。经过大力抢修，到 1949 年年底全国公路通车里程达 80768 公里。1950 年，政务院制定了关于修复原有公路、实行分级管理的方针。同年，政务院决定修建以福州为中心的 12 条华东支前公路，并决定动工兴建通向"世界屋脊"的康藏公路和青藏公路。各大区和各省、自治区、直辖市也在本地区新建和改建一些经济干线和县乡公路。至 1952 年年底，全国公路通车里程达到 13 万多公里，公路质量和通车范围也在提高和扩大。

旧中国没有形成全国性的邮电通讯网络，许多乡村甚至不

中央人民政府及时谋划铁路新线建设。图为 1952 年 7 月 1 日，成都 30 万人在北郊车站广场为庆祝中国共产党成立 31 周年和成渝铁路全线通车举行通车典礼，西南军政委员会副主席贺龙亲临剪彩。

通邮。直到 1950 年 4 月，国家公务联系还以拍发电报为主。从 1950 年起，邮电建设重心放在沟通以北京为中心的有线干线，建设北京国际电台与整顿北京电话。同时，恢复水上航运通信，配合军事边防需要赶修若干线路。到 1952 年，全国邮电局、所达到 4.95 万处，邮路长度达到 128.97 万公里，分别比 1949 年增加 88.21% 和 82.68%。

新中国成立前，水患一直是威胁人民生命财产安全的一大祸患。1949 年，全国受灾农田 12795 万亩，受灾群众约 4549 万人。人民迫切要求根除水患。1949 年 4 月，国家建立水利部，从 1950 年起，对农田水利建设大量投资贷款。1950 年水利建设投资相当于国民党统治时期水利经费最多年份的 18 倍，受益农田约 2100 万亩。1950 年夏，安徽、河南连降大雨，淮北地区灾情严重，为百年未有。毛泽东连批三份关于淮北灾情报告，提出"一定要把淮河修好"。首期治淮工程赶在 1951 年洪水到来之前完成，初步发挥了抗洪和灌溉功能，淮河流域农业获得空前丰收。以往水灾频繁的沂河、沭河地区因得到治理也获得多年未有的丰收。到 1952 年，全国共扩大灌溉面积 4950 余万亩。国民经济恢复时期，全国水利工程完成的土方，相当于挖掘 10 条巴拿马运河或 23 条苏伊士运河。

五、工农业生产的恢复和发展

旧中国工业基础薄弱又饱经战争创伤，1949 年的工业产品产量普遍不及 1936 年的 70％，钢与生铁的产量仅为 1943 年的 17.1％和 14％。

根据《共同纲领》关于恢复发展工业的方针，国家制定实施以恢复和发展国营重工业和化学工业为重点、带动其他工业的政策。在国民经济恢复时期，对重工业和化学工业的投资达 26.9 亿元，占国家投资总额的 34.5％。国家共恢复和改建国营及公私合营工业企业 2013 个，新建企业 7438 个。同时，恢复和增加纺织业及其他有利于国计民生的轻工业的生产，以供应人民日常消费的需要。

人民政府全心全意依靠工人阶级发展生产，在国营企业中推行民主改革，广泛开展合理化建议、创造新纪录和生产竞赛等运动。每个工人全年平均产值，从1949年的4900元提高到1952年的7900元，提高61.2%。工业劳动生产率显著提高。国家还颁布法令，保护知识产权，鼓励技术发明和技术改造。1950年8月，政务院颁布《保障发明权与专利权暂行条例》和《关于奖励有关生产的发明、技术改进及合理化建议的决定》，进一步激发了工人和科学技术人员的发明创造积极性。在国营企业的生产改革中，还注意建立健全企业管理机构和生产责任制度，推行经济核算制。

由于政策正确和措施得力，工业得到迅速恢复和发展。1952年工业总产值为349亿元，已超过全国1936年的最高水平，比1949年增长近1.5倍，年平均增长率为49.8%。工业的恢复和发展，带动了就业增加和职工生活改善。到1952年，全国职工人数达到1603万，为1949年全国职工人数的198.1%。全国职工的平均工资1952年比1949年增加了70%。1952年年底，城镇居民的储蓄存款余额为8.8亿元，平均每人储蓄12元。职工劳动保险、福利事业也在发展。到1952年，享受劳动保险的职工达330万人，享受公费医疗的人数达400万。

为加快恢复和发展农业生产，国家大幅度增加用于农业生产的资金。1950年为2.74亿元，1952年上升为9.04亿元。为了扶持农业生产，国家相应调整农产品的收购价格，逐步缩小工农业产品价格的"剪刀差"。国家鼓励垦荒，3年中农民开垦大量荒地，使耕地面积增加1.5亿亩。全国农业总产值从1949年的326亿元增长到1952年的484亿元，3年间增长了48.5%。粮食总产量增长44.8%，达到16392万吨。棉花总产量增长193.7%，达到130.4万吨。

随着农业生产的恢复和发展，农民生活有了较为明显的改善。图为湖南省醴陵县的农民在物资交流大会上出售土产、特产和购买手工业产品。

随着农业生产的恢复和发展，农民生活有了较为明显的改善。全国农业人口人均社会商品（包括消费品和农业生产资料）零售额，从 1950 年的 21.7 元上升到 1952 年的 30.7 元。农民生活的改善主要表现在吃穿方面：1952 年，每个农村居民消费粮食 192 公斤、食用植物油 1.7 公斤、食糖 0.6 公斤、猪肉 5.5 公斤、棉布 4.6 米。

第四节　过渡时期总路线指引下的社会主义工业化建设和社会主义改造

一、过渡时期总路线的提出

新民主主义革命胜利后，党的一个根本任务是要稳步地促进相互联系的两个转变，一是由农业国向工业国转变，一是由新民主主义社会向社会主义社会转变。这个方向是早就确定了。新中国成立之初，党和国家领导人根据当时的具体情况，表示"要在中国采取相当严重的社会主义步骤，还是相当长久的将来的事情"。到 1952 年，随着形势的发展和经验的积累，这个设想有了改变。中共中央认为，制定党在过渡时期的总路线，明确地向全党和全国人民提出向社会主义过渡的任务，并用 15 年或者更长一点时间完成这一任务，是适时的和必要的。

这一改变的根据主要有以下几点：

首先，公私经济所占比重发生根本性改变。经过 3 年的发展，国营工业产值已占全国现代工业总产值的 56%，国营批发商业的营业额占全国批发商业营业额的 60.5%。这个变化的实质是，国营经济在整个国民经济中的领导地位大为增强，成为保证国家财政收入、调控国家主要商品价格和供求关系、稳定经济局势的主要力量。

其次，国家在合理调整工商业的过程中，创造了加工订货、经销代销、统购包销、公私合营等一系列从低级到高级的国家资本主义形式，私营工商业在不同程度上接受国家的监督和管理，引起了它们在生产关系处理上发生变化，从而也程度不同地开始了对它们的初步的社会主义改造，为以后的私营工商业社会主义改造创造了条件。

再次，国家在土改完成后的农村中开展了相当规模的农业互助合作。占总数 40% 的农户参加互助组，初级社已经出现。互助合作帮助广大农民增加生产、改善生活，显示出个体农民组织起来增加农业生产的优越性，为农业合作化运动提供了很好的示范，成为对个体农业进行社会主义改造的最初步骤。

从以上事实出发，中共中央在 1952 年 9 月开始酝酿，并于 1953 年 6 月首次提出党在过渡时期总路线的基本内容。1953 年 12 月，过渡时期总路线的完整表述最后确定下来："从中华人民共和国成立，到社会主义改造基本完成，这是一个过渡时期。党在这个过渡时期的总路线和总任务，是要在一个相当长的时期内，逐步实现国家的社会主义工业化，并逐步实现国家对农业、对手工业和对资本主义工商业的社会主义改造。"

实现过渡时期总路线的实质，就是要使中国由落后的农业国变为先进的工业国，把农民和手工业者以自己劳动为基础的私人所有制改造为合作社社员的集体所有制，把以剥削工人阶级的剩余劳动为基础的资本主义私人所有制改造为全民所有制。形象地说，就是"一体两翼"和"一化三改"：逐步实现国家的社会主

义工业化是总路线的主体，逐步实现国家对农业、对手工业和对
资本主义工商业的社会主义改造是总路线的两翼。过渡时期总路
线是根据马克思列宁主义关于从资本主义到社会主义的过渡时期
理论，依照中国的具体情况确定的中国从新民主主义逐步过渡到
社会主义的路线、方法和步骤。

1954 年 9 月，在一届全国人大一次会议上，过渡时期总路线
的内容被载入大会通过的《中华人民共和国宪法》，使之成为整
个国家的统一意志。

二、第一个五年计划实施和社会主义工业化初步基础
的建立

1953 年至 1957 年国民经济发展的第一个五年计划，标志着
国家大规模工业化建设的开始。第一个五年计划，从 1951 年开
始编制到 1955 年 7 月一届全国人大二次会议审议通过，历时 4 年，
数易其稿。"一五"计划规定，全国经济建设和文化教育建设的
支出总额为 766.4 亿元，其中共安排基本建设投资 427.4 亿元人
民币，重点是在重工业和基础设施建设上。其中的重点，又是集
中力量建设由苏联援建的 156 项重点工程，为建立比较完整的工
业体系打下坚实的基础。

为了从组织上保证大规模工业化建设，党和政府要求各级党
委像战争年代支前那样，下最大决心抽调优秀干部支援工业建设。
全国迅速形成参加和支援国家工业化建设高潮。1952 年、1953
年两年国家让急需的理工科大学生提前一年毕业，他们服从国家
分配，不辞艰苦，满怀豪情地奔赴祖国各个工业建设最前线。

1957 年 10 月 15 日，武汉长江大桥落成通车典礼隆重举行。"天堑变通途"的愿景成为现实。

第一个五年计划开局良好。1956 年年底，"一五"计划规定的主要指标大多数提前实现。1957 年超额完成了"一五"计划。社会经济结构和国民经济面貌发生了深刻变化。全国工业总产值达到 784 亿元，比 1952 年增长 128.6％。主要工业产品大幅度增长。钢 535 万吨，比 1952 年增长近 3 倍；原煤 1.31 亿吨，比 1952 年增长 96％；发电量 193 亿度，比 1952 年增长 166％。全国农副业总产值达到 604 亿元，比 1952 年增长 25％。粮食 19505 万吨，比 1952 年增长 19％；棉花 164 万吨，比 1952 年增长 26％；农用拖拉机 24629 台，比 1952 年增长 11.3 倍。

第一个五年计划期间取得的建设成就主要有：

为建立比较完整的工业体系奠定基础。重工业建设的重点是冶金工业和机械工业。钢铁工业结束了不能生产钢轨、无缝钢管、大型钢材、薄板和合金钢的历史。机械工业新建了一系列工业部门，到 1957 年年底，已经有了几十个行业比较齐全的制造系统，开始试制一批新产品，填补了空白，使机械设备的自给能力从新中国成立前的 20% 左右提高到 60% 多。有色金属冶金工业改变了体系残缺不全和互不配套的落后状况。电子工业制造无线电元器件和多种雷达、指挥仪、坦克飞机电台、无线电广播发射机等，生产能力和技术水平有了较大的提高。纺织、食品、造纸等轻纺工业也得到了很大发展，能够初步满足人们的需要。

　　工业布局得到显著改善。改变了旧中国工业企业主要集中在沿海省份，内地基本上没有现代工业的状况。到 1957 年年底，东北工业基地已基本建成，并开始了华中和华北工业基地的建设。西南、西北地区的钢铁工业、有色金属工业、石油工业基地的建设都在进行。机械工业的

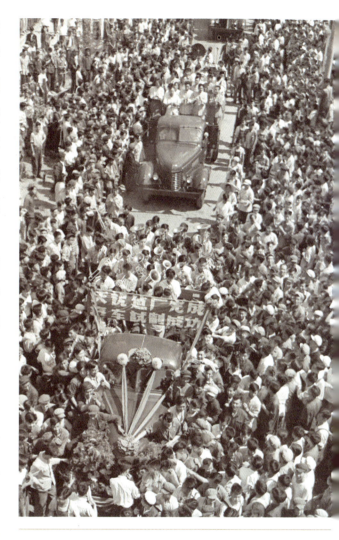

1956 年 7 月 15 日，长春第一汽车制造厂生产出中国第一辆解放牌汽车，从此结束了中国不能生产汽车的历史。图为第一批国产解放牌载重汽车出厂时，全厂职工夹道欢呼。

布局有了较大变化，除了沈阳、大连、上海以外，还形成以哈尔滨三大动力厂为中心的电站设备基地，以洛阳拖拉机厂为主的农业机械基地，兰州炼油化工设备基地，以西安开关整流器厂、西安电瓷厂、西安绝缘材料厂、西安电子电容器厂为中心的高压输变电设备基地。随着新工业基地的建设，交通运输线也逐渐向内

"一五"计划期间，人民的物质和文化生活水平有了较大的改善和提高。图为 1955 年 9 月 25 日开始营业的王府井百货大楼吸引着成千上万的顾客。

地延伸。

带动了城市建设。适应工业化的发展，城市建设的力度大大加强，建设了一批新的工业城市，原有的城市得到改建和扩建。"一五"计划 694 项建设项目的厂址方案分布在 91 个城市、116 个镇。其中 65％的项目分布在京广铁路以西，这些新建工厂的选址方案为内地新城市建设打下了基础。到 1957 年年底，全国设市的城市达到 177 个，比 1952 年增加了 17 个。城市人口达到 6902 万，加上县镇人口共 9949 万，比 1952 年增加了 2786 万人，增加了 38.9％。

国内外贸易显著扩大。1957 年社会商品零售额达 474 亿元，比 1952 年增长 71.3％。主要消费品粮食、食用植物油、盐、食糖、布、鞋、手表零售量都有大幅增加。1957 年进出口贸易总额比 1952 年增长 62％。在进口贸易中，生产资料占 93％，消费资料占 7％。在出口贸易中，工矿产品的比重由 1952 年的 18％上升到 1957 年的 28%。

经济结构发生了重大变化。与 1952 年相比，1957 年工业的比重由 34.4% 上升到 43.8%，建筑业由 5.6% 上升为 7.4%，而农业的比重，则由 45.5% 下降为 33.5%。

与此同时，"一五"计划期间，每一工人平均生产用的固定资产增加 49%，动力机械总能力提高 79%，电力提高了 80% 以上，一些重体力劳动部门已采用机械化操作。工人的劳动生产率 1957 年比 1952 年提高 61%，五年内，12 个工业部门的产品成本降低 29%。

上述变化，反映出中国社会经济已经进入工业化的初期阶段。

人民的物质和文化生活水平有了较大的改善和提高。全国居民平均消费水平，1957 年达到 102 元，比 1952 年的 76 元提高 34.2%。五年间城镇共安排 1300 多万失业者，1957 年全国职工达到 3101 万人，比 1952 年增长 93.5%。1955 年，国家决定全部实行工资制，并决定实行统一的工资标准，取代过去部分人员实行的供给制。1956 年，全国进行第一次工资改革。1957 年，全民所有制职工年平均工资达到 637 元，比 1952 年增长 42.8%。五年内，国家投资新建职工住宅 9454 万平方米，还拿出 103 亿元的资金用于职工的劳动保险、医药费、福利费等。由于国家提高农产品收购价格，工业品价格基本保持不变，而农业税率一直稳定在 1953 年 13% 的水平上，农民收入增加 30%。城乡居民储蓄存款 1957 年比 1953 年增长 2 倍多。

社会主义工业化建设的顺利进行和生产力的发展，对生产关系的变革提出了要求，为推进完成社会主义改造奠定了必要的物质基础，也有力地推动了社会主义改造的实行。

三、对农业、手工业的社会主义改造

1953 年 2 月和 1953 年年底，中共中央先后颁布《关于农业生产互助合作的决议》和《关于发展农业生产合作社的决议》，指导中国农业互助合作运动稳步前进。农业合作化道路就是：经过简单的共同劳动的临时互助组和在共同劳动的基础上实行某些分工分业而有少量公共财产的常年互助组，到实行土地入股、统一经营而有较多公共财产的农业生产合作社，再到完全社会主义的农民集体所有制的更高级的农业生产合作社。这种由带有社会主义萌芽到具有更多社会主义因素，再到完全社会主义的合作化的发展道路，就是逐步实现对农业社会主义改造的道路。

农业合作化运动，实行农民自愿的原则，采用说服、示范和国家援助的方法使农民自愿地联合起来。在过渡时期总路线公布以前主要是发展农业生产互助组。1953 年 9 月以后，进入以发展初级社为主的阶段。由于条件成熟，步骤稳妥，较好地贯彻了自愿互利的原则，这一时期总体上是稳步而健康地发展的。合作社 80% 以上都能增产增收，互助合作的优越性逐步显现出来。1955 年夏季以后，在对待高级社发展速度问题上党内出现不同意见，由于错误地断定主张反冒进的同志是从"资产阶级、富农或者具有资本主义自发倾向的富裕中农的立场"出发，从而助长了急躁冒进情绪。原定 15 年基本完成的农业社会主义改造，到 1956 年年底提前完成了。

农业合作化把汪洋大海般的小农个体经济改造成为集体经济，使农业经济制度发生了根本性变化。这在中国几千年农耕

　　农业合作化把小农个体经济改造成为集体经济，使农业经济制度发生了根本性变化。
图为 1955 年年底北京市近郊丰台区东管头村农民办理入社手续。

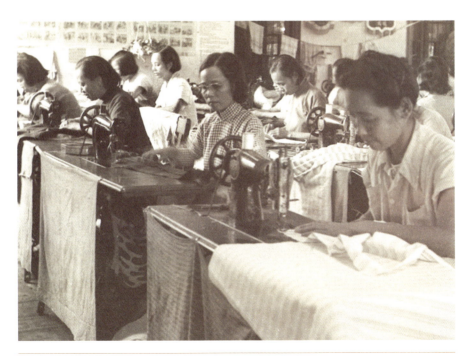

　　1956 年 6 月底，组织起来的手工业者已占从业人员的 90% 以上，全国大陆地区基
本实现了手工业合作化。图为广州市第一缝纫手工业生产合作社的女社员在进行生产。

文明历史上是一次伟大而深刻的变革。合作化期间，农业生产力不断发展，为"一五"计划期间开展大规模工业建设所需粮食、资金等提供了有力的保障。1952 年至 1956 年，农业总产值平均每年递增 5.1%。即便是农村生产关系急剧变化的 1955 年至 1956 年，粮食产量也从 18394 万吨增加到 19275 万吨。但在 1955 年夏季以后，农业合作化以及对手工业和个体商业的改造要求过急，工作过粗，改变过快，形式也过于简单划一，以致遗留了一些问题。

国家对个体手工业的社会主义改造一般都经过手工业生产小组、手工业供销生产合作社和手工业生产合作社三个阶段，因地制宜，按照不同手工业者容易接受的形式，由低级到高级、由小到大、由简单到复杂。坚持贯彻自愿互利原则，力求把合作社办得对生产者、国家和消费者三方面都有利。到 1956 年 6 月底，组织起来的手工业者已占从业人员的 90% 以上，全国大陆地区基本实现了手工业合作化。

大规模经济建设开始后，出现一些新情况，并由此带来一个突出问题，就是全国粮食严重紧缺，导致粮食供求紧张的矛盾更为加剧。1953 年 10 月，中共中央作出关于粮食的计划收购和计划供应（简称"统购统销"）的决定。这一重大决策的实施，适应了工业化建设的需要，推动了农业的互助合作和对私营粮商的排挤与改造。随后，实行油料的统购和食油的统销。1954 年又实行棉花的统购和棉布的统购统销。总的来看，主要农产品的统购统销，在我国实现工业化的初期是一个适合当时需要的积极举措。它对供给和支持经济建设，保证人民基本生活安定，维持物价和社会秩序稳定，都起到了重要作用。

四、对资本主义工商业的社会主义改造

对资本主义工商业的社会主义改造，是通过国家资本主义由低级向高级逐步过渡，然后在条件成熟的时候，逐步地变国家资本主义经济为社会主义经济。大体上经历了两个阶段。

1953 年至 1955 年夏是实行国家资本主义初级形式的阶段。主要是在工业中采用委托加工、订货、统购包销，在商业中委托经销、代销等。初级形式的国家资本主义的特点是：资本主义工商业通过各种合同在原料供应、产品的生产计划、销售及价格上被国家控制，企业的性质不变，内部的劳资矛盾依然存在。

从 1955 年下半年到 1956 年，是实行高级形式国家资本主义阶段。1954 年 9 月，政务院公布了《公私合营工业企业暂行条例》，对公私合营企业的性质、任务和公私关系、劳资关系、经济管理、盈余分配等问题，作了具体规定。高级形式国家资本主义是公私合营，包括个别企业的公私合营和全行业的公私合营。个别企业的公私合营是半社会主义性质的企业，社会主义经济与资本主义经济在企业内部联系与合作，利润仍按"四马分肥"的原则，即国家所得税占 30％，工人福利占 15％，企业公积金占 30％，资方股息红利占 25％，资本家对工人的剥削有所减轻。但资本家只能按私股所占比例取得红利的一部分，另一部分红利转为国家所有。全行业公私合营企业的生产关系发生根本变化，资本家的生产资料已归国家所有而拿"定息"，企业基本上是社会主义性质的了。

全国性的全行业公私合营高潮从北京开始。1956 年 1 月 15 日，北京市各界 20 万人在天安门广场举行庆祝社会主义改造胜利大

1956 年 1 月 15 日，北京市 20 万人在天安门广场举行庆祝社会主义改造胜利大会。
图为北京市工商界代表乐松生向毛泽东送报喜信。

会。在北京的带动下，到 1 月底，全国各大城市及 50 多个中等城市，
相继实现了全市全行业公私合营。到 1956 年年底，资本主义工
业中占产值 99.6%、占职工总数 99% 的企业已转变为公私合营企
业。个体和私营商业总户数的 82.2% 和从业人员的 85.1% 转变为
国营、合作社营、公私合营商业或合作商店、合作小组，基本上
完成了对资本主义工商业的社会主义改造。

截至 1956 年年底，根据公平合理、实事求是原则核实的全
国公私合营企业私股股额共 24 亿元（其中，工业 17 亿元、商业
和服务业 6 亿元、交通运输业 1 亿元）。定股后，由国家根据个
人的股额发给年息 5% 的股息，被称为"定息"。从 1956 年 1 月
1 日起，国家发给 114 万私股股东定息，每年支付定息约 1.2 亿元。

党和政府对企业原有在职人员采取全部包下来，按"量才使用，适当照顾"的原则，为 71 万在职人员和 10 万资本家及资本家代理人安排了工作。

对资本主义工商业社会主义改造的完成，在中国大陆地区基本上铲除了剥削制度，建立起社会主义经济制度。这样一场大规模的社会变革没有造成破坏和动乱，价值 20 多亿元的生产资料几乎没有损失。对资本主义企业的改造和对资方人员的改造结合起来，资本家在实践中得到教育、改造，逐步成为自食其力的劳动者和拥护社会主义的爱国者。改造过程中也存在着一些问题。如对小商贩也搞公私合营，急于进行全行业改组，把有些不该合的合了，有些不该分的分了，打乱了正常的生产和经营活动。资本主义工商业改造基本完成以后，对于一部分原工商业者的使用和处理也不很适当。但整个来说，在一个几亿人口的大国中比较顺利地实现了如此复杂、困难和深刻的社会变革，促进了工农业和整个国民经济的发展，这的确是伟大的历史性胜利。

第五节　社会主义政治制度的确立和教科文卫事业的发展

一、人民代表大会制度的建立

人民代表大会制度作为新中国的根本政治制度是《共同纲领》明确规定的。新中国成立初期，在全国范围内实行普选的人民代表大会制度的条件尚不成熟，由地方各界人民代表会议代行人民代表大会的职权。按照《中国人民政治协商会议组织法》的规定，人民政协全体会议每三年举行一次。到1952年秋，全国政协第一届全体会议已届期满，召开全国人民代表大会的问题提上议事日程。1953年1月，中央人民政府委员会举行会议，通过《关于召开全国人民代表大会及地方各级人民代表大会的决议》，决定1953年召开由人民普选产生的乡、县、省（市）各级人民代表大会，并在此基础上召开全国人民代表大会（后又决定推迟到1954年召开全国人民代表大会及地方各级人民代表大会）。会议同时决定，成立以毛泽东为主席的中华人民共和国宪法起草委员会和以周恩来为主席的中华人民共和国选举

1953 年 5 月，为进行即将展开的普选，全国各地积极在广大人民群众中展开普选宣传活动。

法起草委员会。

　　1953 年 3 月，中央人民政府公布施行《中华人民共和国全国人民代表大会及地方各级人民代表大会选举法》。随后，人民政府在全国范围内开展第一次人口普查和选民登记。在政务院确定的全国人口调查登记标准时间（1953 年 6 月 30 日 24 时）内，全国人口总数为 6.02 亿人。选民登记总数为 3.24 亿人，占选举地区 18 周岁以上人口总数的 97.18%。人民群众以主人翁的姿态参加中国历史上第一次全国性普选，极大地焕发了当家作主的热情和民主意识。

　　全国基层普选完成以后，150 个省辖市，2064 个县、自治县及县一级单位和 170 个中央和省辖市的区召开了人民代表大会（西藏地区召开人民代表会议）。总计选举全国人民代表大会代表1226人（台湾省代表暂缺）。其中妇女代表147人，占代表总数的11.99%；少数民族代表177人，占代表总数的14.44%。

毛泽东主持宪法起草小组完成了宪法草案初稿，宪法起草委员会召开多次会议对宪法草案进行讨论修改。同时，在北京和全国各大城市组织各方面代表人物8000多人用2个月时间，对宪法初稿进行讨论，提出5900多条修改意见。6月14日，中央人民政府委员会第30次会议决定，将宪法草案提交全国人民公开讨论。全国共有1.5亿人参加了讨论，提出118万条修改意见。

1954年9月15日，第一届全国人民代表大会第一次会议在北京中南海怀仁堂隆重开幕。毛泽东主持开幕式并致辞。刘少奇代表宪法起草委员会向大会作《关于中华人民共和国宪法草案的报告》，周恩来代表中央人民政府向大会作《政府工作报告》。

经过充分的讨论，大会一致通过了《中华人民共和国宪法》、《中华人民共和国全国人民代表大会组织法》、《中华人民共和国国务院组织法》、《中华人民共和国人民法院组织法》、《中华人民共和国人民检察院组织法》和《中华人民共和国地方人民代表大会和地方各级人民委员会组织法》，批准了《政府工作报告》。

大会选举毛泽东为中华人民共和国主席，朱德为副主席。刘少奇为中华人民共和国第一届全国人民代表大会常务委员会委员长，宋庆龄、林伯渠、李济深、张澜、彭真等13人为副委员长，彭真兼秘书长。根据中华人民共和国主席提名，大会决定周恩来为中华人民共和国国务院总理。根据周恩来提名，大会决定任命

1954 年 9 月 15 日，第一届全国人民代表大会第一次会议在北京中南海怀仁堂隆重开幕。图为党和国家领导人在会议主席台上。左起：董必武、周恩来、李济深、刘少奇、毛泽东、朱德、宋庆龄、张澜、林伯渠。

陈云、林彪、彭德怀、邓小平等 10 人为国务院副总理，习仲勋为秘书长。国务院共设 30 个部和 5 个委员会。

第一届全国人民代表大会的召开标志着人民代表大会制度这一根本政治制度的正式建立。人民代表大会制度就是以人民代表大会为主体的、由人民代表大会作为国家机关体系的核心、实行人民当家作主的国家政权组织形式。人民代表大会制度是新中国成立以来人民民主建设的重大发展，是中国政治生活进一步民主化的标志。

这次大会通过的《中华人民共和国宪法》，是一部社会主义类型的宪法，是国家根本大法，结束了以《共同纲领》暂代国家宪法的过渡状态。它对国家的政治制度、经济制度、文化制度都作了明确规定，体现了人民民主原则和社会主义原则，为社会主义民主与法制奠定了基础。

二、多党合作和政治协商制度的新发展

人民代表大会制度确立以后，中国人民政治协商会议不再代行全国人民代表大会的职能，有关人民政协的性质、职能及其内部关系等基本问题，需要进一步加以明确。1954 年 12 月 19 日，毛泽东邀集各民主党派和无党派民主人士座谈政协工作。他指出，召开全国人民代表大会以后，政协仍然是需要的。政协的性质有别于国家权力机关，也不是国家的行政机关，它是统一战线组织。政协的任务除了协商问题、提意见、协调各方关系，还要学习马列主义。毛泽东的谈话，统一了各方面对人民政协工作必要性和重要性的思想认识，为各民主党派和无党派民主人士所接受，其基本原则被采纳到人民政协章程之中。

12 月 21 日至 25 日，中国人民政治协商会议第二届全国委员会第一次会议在北京举行。会议通过了《中国人民政治协商会议章程》、《中国人民政治协商会议宣言》，推举毛泽东为政协第二届全国委员会名誉主席，选举周恩来为主席，宋庆龄、董必武、李济深、张澜、郭沫若等 16 人为副主席。

《中国人民政治协商会议章程》规定，政协的性质是："团结全国各民族、各民主阶级、各民主党派、各人民团体、国外华侨和其他爱国民主人士的人民民主统一战线的组织。"明确了参加政协的单位和个人须共同遵守的 7 项准则。确定了人民政协的组织原则和政协任务是：在中国共产党领导下，继续通过各民主党派、各人民团体，更广泛地团结全国各族人民，共同努力，克服困难，为贯彻宪法，建设一个伟大的社会主义国

家而奋斗。上述这些，解决了全国人民代表大会召开后人民政
协的性质、地位、作用和任务的问题，为长期坚持中国共产党
领导的多党合作和政治协商制度奠定了思想基础、政治基础和
组织基础。

三、民族区域自治制度的建立

中国是一个统一的多民族国家。在长期的历史发展过程中，
各民族共同创造了灿烂的中华文明，形成了相互依存、不可分离
的关系，以及各民族人口分布大杂居、小聚居、相互交错的格局。
据 1953 年人口普查统计，除汉族外，全国有蒙古、回、维吾尔、苗、
彝、壮、布依、朝鲜、满等 41 个（后经识别确认为 55 个）少数
民族，人口 3532 万，占全国人口总数的 6%，分布地区约占全国
总面积的 60%。新中国成立前夕，中共中央从我国国情出发，决
定实行单一国家内部的民族区域自治制度来解决民族关系问题，
而不实行"联邦制"。《共同纲领》规定："各少数民族聚居地
区，应实行民族区域自治，按照民族聚居的人口多少和区域大小，
分别建立各种民族自治机关。"从 1950 年开始，中央人民政府
和各有关地区，参照在 1947 年建立的内蒙古自治区经验，广泛
进行试点，建立了一批相当于专区、县以及区、乡的民族区域自
治地方。

在总结经验的基础上，1952 年 8 月，中央人民政府颁布了《中
华人民共和国民族区域自治实施纲要》，规定各民族自治区同为
中华人民共和国领土不可分割的一部分。各民族自治区的自治机
关为中央人民政府统一领导下的一级地方政权，并受上级人民政

新中国成立后，相继成立了新疆维吾尔自治区、广西壮族自治区、宁夏回族自治区、西藏自治区。图为 1958 年 10 月 25 日宁夏回族自治区成立，银川市各族群众在街头集会庆祝。

府的领导。民族区域自治的地方在中央人民政府和上级人民政府法令所规定的范围内和国家统一制度下，依其自治权限享有制定本自治区单行法规，管理本自治区的地方经济事业，发展各民族的文化、教育、艺术和卫生事业等的权利。

1954 年 9 月通过的《中华人民共和国宪法》，将民族区域自治确立为一项基本国策和基本政治制度，确定将民族区域自治地方分为自治区、自治州、自治县三级，县以下的少数民族聚居区设民族乡，使民族区域自治制度更适合我国的实际情况。

内蒙古自治区成立于 1947 年 5 月 1 日，是全国第一个相当于省级的民族自治区。新中国成立以后，又相继成立了新疆维吾尔自治区、广西壮族自治区、宁夏回族自治区、西藏自治区。实践证明，民族区域自治制度，符合中国基本国情，代表各民族人民的根本利益。

四、教育的革故鼎新

随着我国社会主义建设高潮的到来，我国教育事业也面临着工作任务的转变。1949 年 12 月，教育部召开第一次全国教育工作会议，确定了逐步改革旧教育的方针、步骤，提出教育必须为国家建设服务、学校必须向工农开门的总方针。国家对教育的接管采取先妥善接收，再逐步改革的政策。对原国民政府所属学校，明令不许损毁校舍与设备，让原有的教员安心教书，建立青年团、工会等组织，实行民主管理。在教学活动恢复之后，再考虑改进和改革。对中国人办的私立学校，本着公私兼顾的原则，予以保护维持、加强领导、逐步改造。从 1952 年 8 月起，用两年时间分步骤地全部接办私立中小学。对广大农村，则允许群众自办小学，政府帮助解决部分经费和师资。

对于教会学校，在其遵守《共同纲领》及政府法令的前提下，视为私人办学，政府允许其继续接受外国津贴。由于帝国主义者拒不执行中国政府的规定，承办辅仁大学的天主教会用削减甚至停拨办学经费要挟，干涉中国教育主权。1950 年 10 月 12 日，政务院下令接收辅仁大学。12 月政务院公布了《关于处理接受美国津贴的文化教育救济机关及宗教团体的方针的决定》，从 1951 年开始，全国所有各级教会学校陆续由国家接办或改为私立学校。此外，还接收了外资津贴的 544 所中学和 1133 所小学。至此，各级各类学校的教育主权全部收回。

接管教育事业以后，人民政府有准备、有计划、有步骤地改革旧的教育制度、教育内容和教学方法，建立新型人民教师

国家确定工农干部学校、补习学校、训练班在教育系统中的地位。图为北京实验工农速成中学的学生在课余时间抓紧学习。

队伍，发展民族教育。废除国民党政权设立的"党义"、"公民"、"童子军"课程，开设政治思想教育课程。废除训育制度，实行教导合一。大力发展高、中等师范学校等，加快培养人民教师队伍。国家还选派留学生和实习生赴苏联和东欧国家学习，培养造就国家建设高级人才和新技术专家。确定工农干部学校、补习学校、训练班在教育系统中的地位。在广大农村，采取办冬学、识字班、学习小组和农民业余学校等形式，大力开展扫盲运动。

1951年下半年国家开始有计划地全面调整高等学校院系，以解决旧中国高等院校数量少，分布不合理，院系设置脱离实际，课程设置庞杂的问题。调整的总方针是：以培养工业建设人才和师资为重点，发展专门学校与专科院校，整顿和加强综合性大学，逐步创办函授学校和夜大学。经过调整，原有的高等学校分别成为综合性大学、专门学院与专科学校及少数民族院校，构成了我国比较完整的高等教育体系。一些院校新增了原子能、半导体、电子学、自动化等新技术专业，为培养掌握新兴科学技术人才奠定了基础。

国家有计划地发展人民教育事业，使全国各级各类教育都得到了较大的发展。到 1957 年，全国共有高等学校 229 所，在校生 44.1 万人，虽比 1949 年的 205 所增加不多，但在学校规模、层次、布局、专业设置等方面都更加合理，更适应国家经济建设需要。中等专业技术学校 728 所，在校学生 48.2 万人，它在内涵上已完全区别于原有的中等职业学校，实行"专业化和单一化"，学用结合，重视实践训练。以培训失业工人的训练班为基础的技工学校 144 所、在校学生 6.65 万人。全国有小学 54.73 万所、在校学生 6428.3 万人，是 1949 年的 2.63 倍，学龄儿童入学率达到 61.7%。

五、科学事业的进步

旧中国的科技事业不仅研究水平落后，而且机构残缺不全，人才匮乏，经费拮据。1949 年，全国科技人员不超过 5 万人，其中自然科学的专门研究人员不超过 500 人，专门研究机构仅有 30 多个。

新中国成立以后，国家制定的科技发展的新方针是：努力发展自然科学，服务于工业、农业和国防建设。并于 1949 年 11 月 1 日建立了包括哲学社会科学和自然科学在内的中国科学院，作

1955年6月1日，中国科学院学部成立大会在北京举行开幕式。图为大会会场。

为国家最高学术领导机关和重点研究中心。1950年8月，召开了中华全国自然科学工作者代表会议，成立了中华全国自然科学专门学会联合会（简称"全国科联"）和中华全国科学技术普及协会（简称"全国科普"）两个全国性学术团体；随后在全国大部分县以上地方、厂矿和一些农村建立了相应的机构，组织科学工作者进行科学研究和开展科学普及工作。

1953年大规模经济建设开始后，亟须大力发展自然科学，迫切需要各种高级专门人才。1954年3月，中共中央作出批示，指出科学家是国家和社会的宝贵财富，必须重视和尊重他们；要大力培养新生的科研力量，扩大科研队伍。按照党和政府的要求，各地进一步落实科学工作和对科学家的各项政策。在国家的感召和协助下，许多在国外的科学家为了报效祖国，冲破重重阻挠，毅然回国。从 1949 年 8 月到 1955 年 11 月，由西方国家归来的高级知识分子多达 1536 人，其中从美国回来的就有 1041 人。他们中间包括著名的科学家，如李四光、华罗庚、钱学森、吴阶平、汪德昭、邓稼先、郭永怀、吴仲华等。他们都成为重要科学领域的开拓者和重大科研项目的组织者。

此外，国家还初步确定了学术职称评定，建立了培养研究生制度，设立了自然科学奖金。随着科研工作的逐步开展，一些专业性较强的部门如医学等，又陆续成立了专门科学院；在重工业基地东北和战略要地西北建立了科学院分院，还加强了华南、西南地区科研机构的建设与调整，建立了一些科学院地方工作站。全国科研网络逐渐形成，研究体系日益完善。1955 年 6 月，中国科学院成立了学部，从全国优秀科学家中遴选了 233 位学部委员。

新中国成立后，在国家的感召和协助下，许多在国外的科学家为了报效祖国，冲破重重阻挠，毅然回国。图为 1950 年 10 月由美国归来的留学人员回国途中在船上合影。

同时制定了《中国科学院第一个五年计划纲要（草案）》，提出制定发展全国科学事业长远规划的建议。至此，建立新的科学研究体系和管理体制的工作大体完成，科学事业的初创阶段基本结束。到 1955 年年底，全国科学技术人员已达 40 余万人，专业科研机构超过 800 个。

六、思想文化建设的开展

1949 年至 1952 年，新中国成立初期思想文化领域的斗争，主要是以马克思主义为指导，用无产阶级思想清除地主买办阶级的反动思想，同时批判资产阶级思想。从 1950 年下半年开始，在全国掀起学习社会发展史的热潮，从中央到地方，从机关到厂矿、学校、部队，都集中几个月时间，进行系统学习，使广大干部和群众，特别是知识分子受到一次普遍的马克思主义教育。知识分子的学习热情很高，他们要求了解新社会，了解中国共产党，所以在进行马克思主义理论教育的同时，还组织他们学习中国革命的基本理论和历史经验。在各种训练班、革命大学和军政大学的课程中，普遍安排了《新民主主义论》等著作的学习。1951 年7 月，中国共产党成立 30 周年，又进一步掀起学习中国共产党历史和毛泽东思想的热潮。

1951 年至 1953 年《毛泽东选集》一至三卷出版，特别是重新发表《实践论》和《矛盾论》，成为新中国成立后全国政治生活中的一件大事，也成为在全国范围内普及马克思主义唯物论辩证法的开端。1952 年年底，毛泽东批准成立马恩列斯著作编译局，开始翻译出版《马克思恩格斯全集》、《列宁全集》及一些经典

1951 年至 1953 年《毛泽东选集》一至三卷先后出版，成为新中国成立后全国政治生活中的一件大事。图为 1951 年 10 月 12 日《毛泽东选集》第一卷在新华书店王府井大街门市部开始发售时，读者排成了几百人的队伍。

著作单行本，配合全党全民的学习热潮。

新中国成立后，进一步强调要改变中国经济文化的落后面貌，必须把知识分子团结在党和人民政府周围，充分利用他们的科学文化知识为新中国建设服务。1951 年 9 月初，北京大学校长马寅初等 12 位著名教授，发起北大教员政治学习运动。此事受到党和政府的肯定与支持，决定先在京津高校取得经验后推向全国。11 月 30 日，中共中央发出指示，思想改造学习运动在整个教育系统推广开来。全国高等学校教职员的 91%、大学生的 80%、中小学教师的 75% 参加了学习。这场运动首先是一次学习运动，通过听报告、学文件、总结思想、开展批评与自我批评，知识分子尤其是受旧思想影响较深的知识分子，逐渐分清爱国与卖国、革命和反革命的界限，端正了立场。抛弃过去不同程度存在的轻视劳动人民的旧思想，开始学习掌握唯物史观和辩证唯物主义，初

1951年9月初，北京大学校长马寅初等12位著名教授，发起北大教员政治学习运动。图为北大教师学习委员会召开系主任、小组长联席会议研究学习问题，起立发言者为马寅初。

步接受马克思主义的世界观，确立为人民服务的观点。知识分子获得了前进的方向和动力，精神面貌大为改观。思想改造运动历时两年，至1952年秋基本结束。

提倡用科学的即马克思主义的观点研究和解释历史，是思想文化建设的一项主要工作。首先进行的是1951年对电影《武训传》的批判。这部电影歌颂清末山东人武训"行乞兴学"，而被封建统治者表彰为"千古乞丐"。影片上映后有人赞扬，也有人批评其有严重错误。对于《武训传》的讨论，引起了中共中央和毛泽东的注意。5月20日，《人民日报》发表经毛泽东改写的社论《应当重视电影〈武训传〉的讨论》，严厉批评武训和对武训的赞扬。对电影《武训传》的讨论与批评，不仅是如何评价历史人物武训的问题，而且引申到如何看待中国近代历史和中国出路的问题。

其深层内涵，是历史唯物主义与历史唯心主义的一次较量。毛泽东通过对电影《武训传》的批判，要求共产党员和党的组织联系实际学习运用马克思列宁主义，清除侵蚀党内的错误思想。这无疑对知识分子学习马克思主义，进行思想改造具有重要指导意义。但当时的具体做法存在缺点，也开了用政治批判解决学术思想问题的先例。

从 1953 年开始，思想文化建设转向学习马列主义关于社会主义的理论，清除和批判学术上的资产阶级唯心主义思想。近代以来，资产阶级唯心主义思想从西方传入中国，直到新中国成立后，在学术界特别是人文社会科学领域仍有很大影响。1954 年，毛泽东从支持两位青年关于《红楼梦》研究问题的文章开始，又领导了一场对于胡适资产阶级唯心主义的广泛批判。主要批判胡适的主观唯心主义的实用主义哲学观点、庸俗进化论和改良主义的社会学观点、历史唯心主义观点、民族自卑和民族虚无主义观点、亲美崇美思想以及唯心论和形而上学的方法论等等，形成了学习马克思主义理论、批判资产阶级唯心论的热潮。

这次学习与批判，对于逐步确立马克思主义思想的主导地位，推动学术和文化事业发展进步，培养和组织马克思主义理论队伍，具有重要和深远的意义。但在批判过程中，存在着把学术问题和思想问题当作政治问题的倾向，产生了消极后果。

1953 年国家大规模建设开始以后，我国文化艺术事业的发展及党对文化工作的领导，也要适应过渡时期总路线实行新的转变。1953 年 9 月 23 日，文艺界及时召开第二次文代会，确定将社会主义现实主义作为文艺创作和批评的最高准则，明确在新的时期文艺工作的主要任务是以抓创作为主。

文艺方面，由于全面贯彻了文艺为人民服务首先是为工农兵服务的方针，按照民族化、大众化的方向建设新文艺，新中国文艺工作取得了显著的成绩。拍摄出《钢铁战士》、《白毛女》、《董存瑞》、《渡江侦察记》、《上甘岭》等优秀影片。涌现出一批在当代文学史上占有重要地位的优秀文学作品，如丁玲的《太阳照在桑乾河上》、周立波的《暴风骤雨》、杜鹏程的《保卫延安》、李准的《不能走那条路》、魏巍的《谁是最可爱的人》等。其他艺术形式的作品也取得了可喜的成绩。如歌剧《白毛女》、《刘胡兰》，歌曲《歌唱祖国》、《草原上升起不落的太阳》，舞蹈《采茶扑蝶》、《荷花》等。此外，少数民族文艺作品的发掘整理和优秀作品的创作也取得了可喜成果，如蒙古族作家玛拉沁夫的《科尔沁草原的人们》、壮族作家韦麒麟的《百鸟衣》、撒尼族叙事长诗《阿诗玛》等。

与此同时，根据毛泽东"百花齐放，推陈出新"这一繁荣戏曲事业的方针，1951年5月，政务院发布关于戏曲改革工作的指示，提出改戏、改人、改制的任务，积极推动传统戏曲改革。通过改革，既团结了旧艺人，又改革了旧戏，创作出一批内容健康向上、群众喜闻乐见的作品。

新闻、广播、出版事业也得到快速发展。报纸到1956年达到26.1亿份，比1950年增加18.1亿份，增幅为226.3%。广播电台1957年61个，县级广播站1698座，广播喇叭94.12万只，分别比1949年增加12个、1687座和94.11万只，是1949年的2.45倍、153倍和9506倍。全国形成覆盖农村的广播网。出版工作建立了全国统一的新华书店，陆续组建了人民出版社、人民教育出版社及少数民族出版社。出版了大量的图书，1956年达到2.87万多种，除理论、哲学社会科学、自然科学著作外，还系统整理出版了古典文学名著和近现代著名作家的文集，翻译出版了苏联的文学作品和一些世界名著。

七、卫生体育事业的崭新局面

旧中国留下的是一个人民缺医少药、疫病流行的严峻局面。据 1949 年统计，全国中西医药卫生技术人员共有 50 多万人，仅有医院 2600 所，病床 8 万张。

1950 年，党和政府提出新中国的卫生工作四大方针，即"面向工农兵，预防为主，团结中西医"以及"卫生工作与群众运动相结合"，为新中国卫生事业的发展指明了方向。

医疗卫生工作从解决两个重点问题入手：一是集中力量防治危害性严重的流行性疾病和严重威胁母婴生命健康的疾病；二是整顿卫生工作队伍，建立农村、厂矿和城市基层卫生组织。威胁人民生命与健康的最主要的烈性传染病（鼠疫、霍乱、天花）、肺结核、黑热病、寄生虫、地方病和性病，到 1952 年年底得到有效控制。长期威胁母婴生命的产褥热和新生儿破伤风，也因为大力推广新法接生而得到根本遏制。到 1956 年，农村联合诊所已发展到 5.1 万个，公立医院病床增加到 32.8 万张。

卫生医疗事业的发展彻底改变了旧中国人民群众看病吃药无人管的境况，有力地促进了人民健康水平的提升。全国人口预期寿命由 1949 年的 35 岁提高到 1957 年的 57 岁；人口自然增长速度大大加快，到 1952 年，人口已增至 57482 万。人均寿命增加，人口自然增长率保持增长，表明社会安定、经济发展和医疗卫生水平的提高。

　　体育事业是新中国国家建设事业的组成部分。1952 年毛泽东为中华全国体育总会代表大会的题词"发展体育运动，增强人民体质"，说明了新中国体育的性质和任务。1952 年 11 月，中央人民政府任命贺龙兼任国家体育运动委员会（简称"国家体委"）主任。

　　开展广泛的群众性体育活动是体育事业发展的基础。1954 年，政务院发出了《关于在政府机关中开展工间操和其他体育运动的通知》，规定每天上午和下午工作时间各抽出 10 分钟做工间操。有关部门又编制推行了两套少年儿童广播体操，在青少年中掀起体育锻炼热潮，上亿人经常参加体育活动。国家还参照苏联的经验制定了《准备劳动与卫国体育制度》（简称"劳卫制"）。到

　　1956 年 6 月 7 日，中国举重运动员陈镜开在上海以 133 公斤的成绩打破 56 公斤级挺举世界纪录。这是中国运动员创造的第一个世界纪录。

1956 年，已有 74 万人通过了各级"劳卫制"标准。

在群众体育活动的基础上，国家体委建立了全国运动竞赛制度，举办各种竞赛活动。从 1953 年至 1956 年举办了 6000 多次县级以上运动会，其中全国性竞赛 57 次，规模最大的是 1955 年举行的全国第一届工人体育运动大会。

这一时期成绩最突出的是游泳运动员吴传玉和举重运动员陈镜开。吴传玉 1953 年在罗马尼亚布加勒斯特举行的第一届国际青年友谊运动会游泳比赛中，以 1′8″4 的优异成绩夺得男子 100 米仰泳冠军，这是中国在国际比赛中夺得的第一枚金质奖章。陈镜开于 1956 年 6 月 7 日在上海举行的"中苏举重友谊赛"中，以 133 公斤的成绩打破 56 公斤级挺举世界纪录，这是中国运动员创造的第一个世界纪录。

第六节　国防建设和外交成就

一、向建设正规化现代化革命军队迈进

　　全国大陆基本解放以后，人民解放军的任务发生了历史性转变，由以革命战争夺取政权转变为巩固人民民主专政，保卫国家的安全和领土主权的完整，防御外敌侵略，支援社会主义建设。为此，党和国家提出，建设一支正规化、现代化的革命军队来担负这一历史使命。

　　历史任务的转变，要求对军事领导体制做相应的调整。《共同纲领》规定：中华人民共和国建立统一的军队，即人民解放军和人民公安部队，受中央人民政府人民革命军事委员会统率，实行统一的指挥、统一的制度、统一的编制、统一的纪律、统一的训练。为此，1949 年 10 月 1 日召开的中央人民政府委员会第一次会议，任命毛泽东为中央人民政府人民革命军事委员会主席。人民革命军事委员会下设总参谋部、总政治部、总后勤部。还曾经设立过总干部管理部。它们是中央军委战略决策、方针政策的

执行机构，是全军军事、政治、后勤和技术工作的最高领导机关。新中国成立初期，与全国行政区划相对应，在全国实行四级军区体制，即分别设立一级军区（与中央局相对应）、二级军区（与中央分局相对应）、三级军区（与省或行政区相对应）和军分区（与地区或专区相对应）。由此初步形成了中国共产党绝对领导下的国家军事制度和军事领导体制。

1953年12月7日至1954年1月26日，中央军委召开全国军事系统党的高级干部会议。会议明确了军队建设的总方针和总任务，规划了国防现代化建设蓝图，确定了反侵略战争的积极防御战略方针，解决了军队现代化建设中若干重大问题。这次会议标志着人民解放军完成了由革命战争向和平时期建设的转变，是军队建设由低级阶段走向高级阶段的里程碑。

向正规化现代化革命军队的目标迈进，在建立国防体制的基础上，人民解放军经历了几个步骤。

首先，军兵种建设。随着解放战争的节节胜利即筹划建立空军、海军和陆军各技术兵种。通过抗美援朝战争，空军和炮兵、装甲兵、工程兵、防空部队、铁道兵、通信兵、防化兵等军兵种的建设都得到发展。到1953年，中国人民解放军已经由单一军种向诸军兵种合成军队的目标迈进。中央还决定建立新疆生产建设兵团，在保卫边疆、维护祖国统一方面发挥重要战略作用。

其次，精简整编。大规模战争基本结束后，国家开始经济的恢复和建设，不需要花费大量经费维持一支庞大的军队，1950年6月党和国家决定中国人民解放军复员150万人，支援国家建设。由于朝鲜战争爆发，这次精简整编计划未能完全实现。1952年和1954年两次整编，到1955年年底，全军总员额减到350万。整

　　1955年9月27日，中华人民共和国主席授予中国人民解放军军官以中华人民共和国元帅军衔及授予中国人民解放军在中国人民革命战争时期有功人员勋章典礼在北京中南海怀仁堂隆重举行。图为毛泽东主席将一级八一勋章、一级独立自由勋章、一级解放勋章授予朱德元帅。

编的同时，全军颁发统一的内务、队列、纪律条令，各军兵种组织力量翻译和颁发苏军的一些专业和勤务部门的战斗条令、条例和教范等，在部队中试行。这些条令条例的颁布试行，规范了军人的行为，加强了军队的纪律性，促进了战术技术水平和组织指挥、协同作战能力的提高。

第三，建立军事院校及其教育体系。1951 年 1 月，中国人民解放军军事学院在南京成立，刘伯承任院长兼政治委员。它是培养合成军队高级指挥员和高级参谋人员的综合性军事学府，毛泽东称它的建立是中国人民解放军建军史上重大转变的标志之一。随后，成立了后方勤务学院及一批专业院校，形成初、中、高级指挥院校和专业技术院校的梯次配置。到 1952 年年底，全军共有军事、政治、文化、后勤、技术院校 200 余所，初步形成了比较完整的军事院校教育体系。

第四，薪金制、军衔制、义务兵役制三大制度的实行。1954 年 12 月，中央军委召开扩大会议，就全国实行义务兵役制、军队实行军衔制、军官实行薪金制进行讨论。1955 年 1 月，人民解放军开始实行薪金制，结束了战争年代长期实行的供给制。2 月，公布了《中国人民解放军军官服役条例》，规定从 9 月开始实行军衔制，军官军衔分为 5 等 15 级。9 月 27 日，授予朱德、彭德怀等 10 人元帅衔，授予粟裕、徐海东等 10 人大将衔。7 月，国家颁布《中华人民共和国兵役法》，规定由志愿兵役制改为义务兵役制。三大制度的实行使人民解放军正规化建设向前迈进一大步。

二、对外关系的初步展开

新中国成立前夕，毛泽东和中共中央就为新中国外交制定了"另起炉灶"、"打扫干净房子再请客"、"一边倒"的方针，成为新中国奉行独立自主和平外交政策、打破以美国为首的西方国家对新中国孤立封锁政策的基石。"另起炉灶",就是不承认国民党政府同各国建立的旧的外交关系,要在新的基础上经过谈判同各国另行建立新的外交关系。"打扫干净屋子再请客",就是与外国建立外交关系的时机和条件,要先把帝国主义在中国的残余势力清除干净,不给它们留下活动余地,然后再考虑建交问题。"一边倒"就是新中国"将倒向社会主义一边"。这是根据中国的历史和现实以及当时的国际环境作出的重大决策。

苏联是第一个承认新中国的国家。1949年10月2日,苏联政府就照会中国政府,决定承认并同中华人民共和国建立外交关系,互派大使。10月3日,周恩来复电,表示热忱欢迎中苏建交。随后,保加利亚、罗马尼亚、匈牙利、朝鲜民主主义人民共和国、捷克斯洛伐克、蒙古、波兰、德意志民主共和国、阿尔巴尼亚等10个人民民主国家也相继承认新中国并同意建交。南斯拉夫虽表示承认新中国并愿意建交,但受苏南关系影响未能实现,1955年中南两国正式建交。

对于中国周边一些愿与新中国建交的国家和欧洲资本主义国家,中国政府坚持在建交前先谈判,只有在对方明确承认只有一个中国即中华人民共和国,并同国民党集团断绝"外交"关系,承诺支持恢复中华人民共和国在联合国的合法席位,将其境内属于中国的财产移交给中华人民共和国后,双方才能进行建交问题的磋商。本着这一原则,中国先后同印度、印度尼西亚、缅甸和巴基斯坦四个亚洲国家,同瑞典、丹麦、瑞士、芬兰四个欧洲国家建立外交关系。至1951年5月,有19个国家同新中国建立了外交关系。

应苏联政府邀请,毛泽东于1949年12月16日抵莫斯科

1949 年 12 月 16 日，毛泽东及同行人员抵达莫斯科雅罗斯拉夫火车站。图为苏联部长会议副主席莫洛托夫（右二）、苏联部长会议副主席苏联元帅布尔加宁（右一）等到火车站欢迎毛泽东主席（右三）。

进行国事访问。1950 年 2 月 14 日，《中苏友好同盟互助条约》正式签字。双方并就中国长春铁路、旅顺口与大连问题、贷款协议等主要问题达成一致。《中苏友好同盟互助条约》是新中国成立后与外国政府签订的第一个建立在平等互利基础上的条约。它是中国外交的胜利，成为第二次世界大战后国际政治中重大的事件。中苏之间在政治、经济、文化诸方面开始了互助合作。

三、从日内瓦会议到万隆会议

1954 年 4 月 26 日，讨论朝鲜问题和印度支那问题的日内瓦会议开幕，中国首次以五大国之一的身份参加重要国际会议，与苏、美、英、法等国讨论重大的国际问题，并发挥积极的建设性作用。中国确定参加这次会议的方针是：力求以协商与和解的精神和平解决朝鲜问题和印度支那（这里指历史上曾为法国殖民地的今越南、柬埔寨、老挝）问题。

在朝鲜和平统一问题上，由于美国的阻挠没有达成任何协议，但是中国所表现出来的协商精神和为寻求和解的态度，给与会各国代表留下深刻印象。

在印度支那问题上，美、英、法三国各有打算。美国想在印度支那开辟战场，达到既可威胁中国，又可向印度支那扩充势力的目的。法国和英国都希望通过谈判保住在印度支那的部分权益。1954年5月，越南人民军在中方的协助下，取得抗法战争具有决定意义的奠边府战役的胜利。消息传到日内瓦，美、英等国代表沉默不语，法国代表情绪沮丧。中国抓住奠边府大捷的有利时机，提出了解决老挝、柬埔寨问题的方案。周恩来又开展穿梭外交，分别同法国、越南磋商协调，又与苏联领导人交换意见，取得一致，最终有关各方达成关于恢复印度支那和平的协定。

日内瓦会议的成功，使印度支那战争得以停止，亚洲和世界紧张局势进而缓解，也使中国南部的安全得到保障。中国和老挝、柬埔寨两个周边国家关系有了良好开端。中英关系有所突破，两国宣布互换代办。中、法代表直接磋商，为双方增进了解提供机会。会议期间，中、美也就双方公民回国问题进行了接触，成为以后中美大使级会谈的先声。

1953年12月，印度派代表团来中国商谈两国历史上遗留问题（包括西藏问题）。周恩来在同印度代表团会谈中首次系统提出和平共处五项原则，即两国应根据互相尊重领土主权和领土完整、互不侵犯、互不干涉内政、平等互利、和平共处的原

　　1954年4月26日，讨论朝鲜问题和印度支那问题的日内瓦会议开幕，中国首次以五大国之一的身份与苏、美、英、法等国代表出席会议，并发挥积极的建设性作用。图为会议期间，日内瓦主要街道悬挂了中、苏、美、英、法五国国旗。

　　则解决两国之间悬而未决的问题。1954年6月，周恩来总理应邀访问印度和缅甸。在中印两国总理联合声明中，写入和平共处五项原则。随后，在中缅两国总理联合声明中，双方同意和平共处五项原则是指导中缅关系的原则。和平共处五项原则，是对新老殖民主义的否定。一经发表，很快就得到不少发展中国家的积极响应。

　　在亚洲和非洲的民族解放运动日益高涨的形势下，南亚五国决定联合发起召开亚非会议。1955 年 4 月，在印度尼西亚万隆举行亚非会议。这是第一次由亚非国家发起和出席的、没有西方国家参加的大型国际会议。周恩来率领中国代表团出席会议。

　　亚非会议的召开面临着复杂的形势。美国极力阻挠、破坏会议的召开，挑拨亚非国家与中国的关系。一些与会国又对新中国心存疑虑和误解。中国代表团进行了艰苦的工作。周恩来反复详尽而又精辟地阐述了和平共处五项原则的内容、作用和

　　1955 年 4 月，在印度尼西亚万隆举行亚非会议。这是第一次由亚非国家发起和出席的、没有西方国家参加的大型国际会议。图为 4 月 24 日中国代表团首席代表周恩来在亚非会议闭幕会上发表讲话。

意义。当会议面临陷入激烈的争论，有可能走入不欢而散的岔道的危险时，中国代表团审时度势，采取正确的对策。4 月 19 日，周恩来果断地决定将原来准备了数月的发言改用书面散发，另作一个补充发言，开宗明义地提出了"求同存异"的方针，推动会议朝着达成协议的方向前进。4 月 23 日，周恩来再次发言，表明应以要求和平合作作为共同基础，来解决现在正在讨论的问题。这篇发言再次打破僵局，促使争论各方达成协议，把会议推向高潮。4 月 24 日，大会通过《亚非会议最后公报》，历时一周的亚非会议闭幕。

亚非会议的成功召开，为中国打开了与亚非国家广泛交往的大门。会后，中国独立自主的和平外交又取得了新的进展。从 1954 年 9 月至 1956 年，中国与挪威、南斯拉夫、阿富汗、尼泊尔、埃及、叙利亚、也门、锡兰（后改称斯里兰卡）等国先后建立了大使级外交关系，同英国、荷兰建立了代办级外交关系，同芬兰、瑞士、丹麦由公使级升格为大使级外交关系。

第二章
开始全面建设社会主义

1956 年 4 月至 1966 年 4 月，是中华人民共和国开始全面建设社会主义的 10 年，也是艰辛探索中国社会主义建设道路并取得伟大成就的 10 年。

党和国家在这 10 年中积累了领导社会主义建设的重要经验。以毛泽东为代表的中国共产党人为寻找适合中国国情的社会主义建设道路进行了艰苦探索。毛泽东以苏联的经验教训为鉴戒，提出要创造新的理论、写出新的著作，把马克思列宁主义基本原理同中国实际进行"第二次结合"，找出在中国进行社会主义革命和建设的正确道路，制定把我国建设成为一个强大的社会主义国家的战略思想。在中国共产党领导下，我国各族人民意气风发地投身社会主义建设。在不长的时间里，我国社会发生了翻天覆地的变化，建立起独立的比较完整的工业体系和国民经济体系，成为在世界上有重要影响的大国，积累起在中国这样一个社会生产力水平十分落后的东方大国进行社会主义建设的重要经验。

总之，国家赖以进行现代化建设的物质技术基础，很大一部分是这期间建设起来的；全国经济文化建设等方面的骨干力量和他们的工作经验，大部分也是在这期间培养和积累起来的。党和国家在社会主义建设中取得的独创性理论成果和巨大成就，为新的历史时期开创中国特色社会主义道路提供了宝贵经验、理论准备、物质基础。

与此同时，自 1957 年下半年逐步发展起来的"左"倾指导思想也得到进一步的发展，党和国家虽然纠正过一些已经觉察到的具体错误，却未能从根本上纠正这种错误。"左"倾指导思想的发展，最终酿成"文化大革命"的更大错误。

第一节　探索适合中国国情的社会主义建设道路的开端

一、《论十大关系》是探索中国社会主义建设道路的发端

　　新中国成立初期，主要是全面学习苏联，这在当时是必要的，也是必然的。随着工业化建设经验的积累，中共中央开始认识到，苏联经验并不都是成功的，不能完全照搬，要"以苏为鉴"。1956 年 2 月苏共二十大的召开，暴露了苏共在建设社会主义过程中的一些问题。由此进一步引发党和国家领导人的思考。1956 年 4 月初，在中共中央书记处会议上讨论《关于无产阶级专政的历史经验》一文时，毛泽东提出，最重要的教训是独立自主，调查研究，摸清本国国情，把马克思列宁主义的基本原理同我国革命和建设的具体实际结合起来，制定我们的路线、方针、政策。现在是社会主义革命和建设时期，我们要进行第二次结合，找出在中国进行社会主义革命和建设的正确道路。他后来在修改中共八大政治报告时，又提出："不可能设想，

社会主义制度在各国的具体发展过程和表现形式，只能有一个千篇一律的格式。我国是一个东方国家，又是一个大国。因此，我国不但在民主革命过程中有自己的许多特点，在社会主义改造和社会主义建设的过程中也带有自己的许多特点，而且在将来建成社会主义社会以后还会继续存在自己的许多特点。""以苏为鉴"、实行"第二次结合"、"带有自己的许多特点"等思想的形成，对于探索适合中国国情的社会主义建设道路，具有至关重要的意义。

探索适合中国国情的社会主义建设道路的第一个理论成果，便是毛泽东所作的《论十大关系》报告。从1956年2月开始毛泽东用一个半月的时间，听取了中央34个经济部门的汇报。这是新中国成立以后中央领导同志对经济建设问题进行的一次时间比较长、内容比较系统的调查研究。4月，毛泽东作了《论十大关系》的报告。

《论十大关系》提出了社会主义建设的基本方针："我们一定要努力把党内党外、国内国外的一切积极的因素，直接的、间接的积极因素，全部调动起来，把我国建设成为一个强大的社会主义国家。"文中阐述的十大关系，都是围绕这个基本方针展开的。这是中国共产党比较系统地探索中国自己的建设社会主义道路的开始。

《论十大关系》中的前五个关系，主要是讨论经济问题。其中前三个关系，即重工业和轻工业、农业的关系，沿海工业和内地工业的关系，经济建设和国防工业的关系，实际上是思考开辟一条不同于苏联的工业化道路，在重点发展重工业和国防工业、合理调整工业布局的同时，更多地发展农业、轻工业，更好地利用和发展沿海工业。第四、第五个关系，分别讲国家、生产单位

1956年4月25日，毛泽东在中共中央政治局扩大会议上就社会主义建设中的十种关系问题发表讲话。图为同年5月2日毛泽东在最高国务会议上阐述十大关系问题。

和生产者个人的关系、中央和地方的关系，实际上涉及对过分集中的经济体制进行改革的问题，以便兼顾国家、企业（合作社）和职工（农民）的利益，调动中央和地方两个积极性。

后四个关系，主要论述了政治生活和思想文化生活中如何调动各种积极因素的问题。在汉族和少数民族的关系上，着重反对大汉族主义，同时也要反对地方民族主义；在党和非党的关系上，坚持中国共产党与各民主党派长期共存，互相监督；在革命和反革命的关系上，既不能高枕无忧，也不能以为还有很多反革命，对一切反革命分子，都应当给予生活出路，使他们有自新的机会；在是非关系上，既要分清是非，又要对犯错误的同志采取"惩前毖后，治病救人"的方针。

最后，论述了中国和外国的关系。提出，一切民族、一切国家的长处都要学，但必须有分析有批判地学，不能盲目地学，一切照抄，机械搬用。

毛泽东的《论十大关系》运用对立统一规律，初步总结了我国社会主义建设经验，提出了探索适合中国国情的社会主义建设道路的任务，为中共八大路线的制定提供了理论依据，标志着党和国家在探索中迈出了坚实的一步。

在这一时期，毛泽东还提出两个重要论断。一是提出"百花齐放、百家争鸣"的方针；二是提出我国人民应该有一个远大的规划，要在几十年内，努力改变我国在经济上和科学文化上的落后状况，迅速达到世界上的先进水平。

二、中共八大对探索中国社会主义建设道路的重要贡献

1956 年 9 月，中国共产党第八次全国代表大会在北京隆重举行。这是中国共产党取得全国执政地位后召开的第一次全国代表

1956年9月15日至27日，中共八大提出党和全国人民的主要任务是集中力量发展社会生产力，把我国尽快地从落后的农业国变为先进的工业国。

大会。这次大会全面展开了以《论十大关系》为开端的、适合中国国情的社会主义建设道路的探索，并取得了一系列重大成果。

第一，大会明确国内的主要矛盾是人民对于建立先进的工业国的要求同落后的农业国的现实之间的矛盾，是人民对于经济文化迅速发展的需要同当前经济文化不能满足人民需要的状况之间的矛盾。国家的主要任务已经由解放生产力变为保护和发展生产力，把我国尽快地从落后的农业国变为先进的工业国。

第二，坚持和充实了既反保守又反冒进、在综合平衡中稳步前进的经济建设方针。强调应该根据需要和可能，合理地规定国民经济的发展速度，把计划放在既积极又稳妥可靠的基础上，以保证国民经济比较均衡地发展。

第三，及时提出了对经济管理体制进行改革的任务。在中央和地方的关系上，必须注意把中央各经济部门的积极性和地方经济组织的积极性正确地结合起来。提出了著名的三个"主体"和三个"补充"的思想，即国家经营和集体经营与个体经营、计划生产与自由生产、国家市场与自由市场是"主体"和"补充"的关系。这些举措，针对高度集中、单一的计划管理体制的弊端，实行一定范围的市场调节，具有重要意义。

第四，规定了国家政治生活的主要任务。人民民主专政要继续加强，同时要进一步扩大国家的民主生活，加强对各级国家机关的批评和监督。要着手系统地制定比较完备的法律，健全国家法制，做到有法可依，有法必依。

第五，为了保证科学和艺术的繁荣，必须坚持"百花齐放、百家争鸣"的方针。指出用行政的方法对于科学和艺术实行强制和专断，是错误的。对于中国过去的和外国的一切有益的文化知识，必须加以继承和吸收，并且必须利用现代的科学文化来整理我国优秀的文化遗产，努力创造社会主义的民族的新文化。

第六，坚持以和平共处五项原则为基础的外交政策。认为世界局势出现和缓趋向，对于我们的社会主义建设是有利的，必须努力争取世界的持久和平。同时，初步提出了"打开国门"，把先进的科学技术和文化引进来的政策。

三、正确处理人民内部矛盾学说的创立

社会主义改造完成以后，国内政治生活中人民内部矛盾日益突出，要求党和国家对社会主义社会的矛盾状况，尤其是如何认识和解决人民内部矛盾问题，从理论与实践的结合上作出正确的阐述。经过一段时间的思考和酝酿，1957 年 2 月，毛泽东在最高国务会议发表《如何处理人民内部的矛盾》的讲话。这篇讲话经

过整理、修改与补充后，以《关于正确处理人民内部矛盾的问题》为题公开发表。其重要理论贡献在于：

第一，创立了社会主义社会基本矛盾学说。社会主义社会的基本矛盾仍然是生产力和生产关系之间、经济基础和上层建筑之间的矛盾，正是这些矛盾推动着社会主义社会向前发展。这些矛盾同旧社会的矛盾相比，具有根本不同的性质和情况。它虽有矛盾的一面，但基本上是适应的，它不是对抗性的，可以经过社会主义制度本身对某些不适应的环节和部分及时地加以调整和完善，使矛盾不断地得到解决。

第二，创立了人民内部矛盾学说。社会主义社会存在两类性质完全不同的矛盾，一类是敌我之间的矛盾，一类是人民内部的矛盾。敌我之间的矛盾是对抗性矛盾，人民内部的矛盾是在人民的利益根本一致的基础上的矛盾，是非对抗性的。解决敌我矛盾，用专政的方法。对人民内部矛盾，则只能采用民主的方法，即讨论的方法、批评的方法、说服教育的方法。必须以正确处理人民内部矛盾作为国家政治生活的主题，作为党和政府的主要任务。

第三，明确了处理人民内部矛盾的方针。坚持把"团结—批评—团结"作为处理人民内部矛盾的总方针。从正确处理人民内部矛盾总方针出发，提出在经济工作中实行对全国城乡各阶层统筹安排和兼顾国家、集体、个人三者利益等一系列正确方针；在党与民主党派的关系上实行"长期共存，互相监督"的方针；在科学文化工作中实行"百花齐放，百家争鸣"的方针。

第四，提出并阐明中国工业化道路的问题。我国的经济建设是以重工业为中心，但是同时必须充分注意发展农业和轻工业。发展工业必须和发展农业同时并举，工业才有原料和市场，才有可能为建立强大的重工业积累较多的资金。

1957 年 2 月 27 日至 3 月 1 日，毛泽东召集最高国务会议第十一次（扩大）会议。
图为 2 月 27 日毛泽东作《关于正确地处理人民内部矛盾的问题》讲话。

　　毛泽东的《关于正确处理人民内部矛盾的问题》，是一篇重
要的马克思主义文献。它创造性地阐述了社会主义社会基本矛盾
学说和人民内部矛盾学说，明确把正确处理人民内部矛盾作为国
家政治生活的主题，并系统地论述了社会主义社会人民内部矛盾

的表现、根源、性质和解决的方针、方法。这一学说的创立，是对科学社会主义理论的重要发展，是对《论十大关系》的基本方针和中共八大政治路线的进一步阐发，对于党和国家把工作重点转移到社会主义建设上来，探索适合中国国情的社会主义道路，建设现代化社会主义强国，具有长远的指导意义。

四、整风运动和反右派斗争及其严重扩大化

为了加强党的建设、正确处理人民内部矛盾，中共中央在全党开展以反对官僚主义、宗派主义和主观主义为内容的整风运动。毛泽东关于正确处理人民内部矛盾的讲话，在党内外迅速传达，为整风运动的发动作了思想动员。这时，中国共产党党员已由 1949 年的 450 万人发展到 1957 年的 1272 万人。一方面，党的力量大大加强；另一方面，一些党员、干部在胜利面前滋长了骄傲自满情绪，官僚主义、宗派主义、主观主义作风有些蔓延。

1957 年 5 月 1 日，《中国共产党中央委员会关于整风运动的指示》在《人民日报》公开发表，标志着全党范围内的整风运动正式开始。这个指示明确规定了整风运动的指导思想、内容、目的、要求和方针方法，提出在全党重新进行一次普遍的、深入的反官僚主义、反宗派主义、反主观主义的思想教育运动，改进作风。以正确处理人民内部矛盾为主题，采取"开门整风"的形式，既在党内开展批评与自我批评，也欢迎党外人士对党和政府及党员干部工作中的缺点错误予以批评。

为推动共产党"开门整风"，中共中央统战部从 5 月 8 日至 6 月 3 日先后邀集各民主党派负责人和无党派人士举行 13 次座谈

会。5 月 15 日至 6 月 8 日，中共中央统战部和国务院第八办公室联合邀请全国工商界人士举行 25 次座谈会。国务院各部门的党组、党委，各省、市、自治区党委和一些高等院校党委，以及新闻界、文艺界、科技界、卫生界等的党组织，也都分别举行党外人士座谈会，请他们帮助党整风。在各种座谈会上，民主党派和无党派人士响应号召，畅所欲言，提出了大量的批评意见和建议。

这些意见在《人民日报》等公开发表出来，推动了"开门整风"的开展，也受到中共中央和毛泽东的肯定和欢迎，认为：揭露出的各方面矛盾的详细情况，我们过去几乎完全不知道。党外人士对我们的批评，不管如何尖锐，基本上是诚恳的、正确的。这类批评占 90% 以上，对于我党整风，改正缺点错误，大有裨益。

整风初期，运动的发展是健康的。但是随着运动的深入，出现了未曾料到的复杂情况。极少数别有用心的人利用帮助中国共产党整风的机会，向党向社会主义发动猖狂进攻。他们把宪法明确规定的中国共产党在国家和社会生活中的领导地位攻击为"党天下"，提出各民主党派和中国共产党"轮流执政"、"轮流坐庄"，甚至毫不隐讳地提出"请共产党下台"，说"根本的办法是改变社会主义制度"。

整风运动中出现的那些怀疑以至否定中国共产党领导和社会主义制度的言论引起了中共中央和毛泽东的高度警惕。5 月中旬毛泽东写了《事情正在起变化》发给党内高级干部，第一次提出右派猖狂进攻的问题。6 月 8 日，中共中央发出了《组织力量反击右派分子的猖狂进攻》的指示。同一天，《人民日报》发表《这是为什么？》的社论，要求全党和全国人民必须用阶级斗争的观点来观察当前的种种现象。一场全国范围的群众性的反右派运动，在很短的时间内迅猛地发动起来。

1957 年 5 月 8 日至 6 月 3 日，中共中央统战部先后邀集各民主党派负责人和无党派人士举行了 13 次座谈会。图为座谈会会场。

　　整个运动历时一年，全国共划定右派分子 55 万余人，绝大多数受到错误处理，误伤了大量的同志和朋友。正如中共十一届六中全会《关于建国以来党的若干历史问题的决议》指出的那样："在整风过程中，极少数资产阶级右派分子乘机鼓吹所谓'大鸣大放'，向党和新生的社会主义制度放肆地发动进攻，妄图取代共产党的领导，对这种进攻进行坚决的反击是完全正确和必要的。但是反右派斗争被严重地扩大化了，把一批知识分子、爱国人士和党内干部错划为'右派分子'，造成了不幸的后果。"

　　反右斗争扩大化的另一个严重后果是在理论上改变了中共八大关于我国社会主要矛盾的正确论断。毛泽东在反右派斗争以后提出，社会主义同资本主义两条道路的矛盾仍然是我国社会的主要矛盾。这为日后错误地把社会主义社会中一定范围内存在的阶级斗争扩大化和绝对化，打开了理论缺口。

第二节　"大跃进"、人民公社化运动及纠正"左"倾错误的努力

一、"大跃进"和人民公社化运动

反右派斗争结束后，中共中央和毛泽东强调党和国家的工作重心要转移到经济建设和技术革命上来，为此，逐步形成了社会主义建设总路线，并在 1958 年 5 月召开的中共八届二次会议上予以确认。这条总路线的主要之点是"鼓足干劲，力争上游，多快好省地建设社会主义"。这也反映了毛泽东希望能找到一条比苏联、东欧发展得更快更好一些的社会主义建设道路的愿望。

社会主义建设总路线及其基本点，其正确的一面是同实现工作重点转移的要求相适应，详细论述了"三个并举"的方针，即工业和农业并举、中央工业和地方工业并举、大型企业和中小型企业并举，反映了广大人民群众迫切要求改变我国经济文化落后状况的普遍愿望；其缺点是对现实国情缺少全面深入的了解，忽视了客观的经济规律。特别是，这条总路线是在批评反冒进的过

程中形成的，错误地将反冒进问题上升到建设指导方针和路线的高度，实际上违背了中共八大确立的既反保守又反冒进、在综合平衡中稳步前进的经济建设方针。

中共八届二次会议后，全国掀起了"大跃进"运动。全党同志和全国各族人民在生产建设中发挥了高度的社会主义积极性和创造精神，并取得了一定的成果；但是，以高指标、瞎指挥、浮夸风和"共产风"为主要标志的"左"倾错误也严重地泛滥开来。历史已经证明，"大跃进"的努力是不成功的，留下了深刻的教训。

"大跃进"运动，是在批评反冒进和酝酿、制定社会主义建设总路线的过程中发动起来的，主要在农业战线和工业战线展开。

农业"大跃进"主要以浮夸风和高指标为特征。它的前期，主要是大搞农田水利基本建设和积肥运动，取得了很大成效。但是1958年1月和3月中共中央南宁会议和成都会议以后，各省、市、自治区党委普遍制定了过高的指标，不少干部怕犯右倾错误，农村中的浮夸风更加发展，表现之一就是农业"放卫星"，所谓"小麦平均亩产7320斤"、"水稻亩产36900多斤"等浮夸数字纷纷出现。1958年夏收期间，各地兴起一阵虚报高产"放卫星"的浪潮。这些不切实际的浮夸风，反过来又助长了"左"的指导思想和决策的发展。同时，对"以粮为纲"的不适当的理解和宣传，破坏了多种经营和农林牧副渔全面发展的方针。

工业"大跃进"以大炼钢铁为中心，钢铁生产指标和其他主要工业品生产指标层层加码、不断攀升，使综合平衡遭到严重破坏。工业提出要在7年、5年以至3年内提前实现原定的

15年钢产量赶上或者超过英国的指标。1958年8月召开的中共中央政治局北戴河会议，在农业"大跃进"氛围下形成的"我国农业问题已经过关"判断的鼓舞下，认为"农业战线的伟大胜利要求工业战线迅速地赶上去，而且也使得省一级党委有可能把注意的重心转移到工业方面来"。会议正式决定1958年钢产量要比1957年翻一番，达到1070万吨。而当时实际生产出来的钢只有380万吨，仅为全年指标的1/3。于是，从北戴河会议以后，全国范围的大炼钢铁、大办工业的群众性运动勃然兴起。

当时，在钢铁部门和相关领域搞了许多土法生产的"小土群"，全国各地的工人、农民、城市居民、机关干部、教师学

1958年8月，中共中央政治局北戴河会议以后，全国范围的大炼钢铁、大办工业的群众性运动勃然兴起。图为陕西省临潼县的土高炉群。

生广泛参与其中，昼夜加班，轮番上阵。1958 年，建设采用土法生产的小型企业 121.5 万个，共有工人(主要是农民)2489 万人。投入各类"小土群"的农村劳动力，最多时达到 6000 万人以上。尽管当年勉强完成了生产 1070 万吨钢的指标，但绝大部分土法炼出的生铁含硫量过高，成为"烧结铁"，既不能炼钢，也不能铸造。正规钢铁厂的质量也明显下降。鞍钢 1958 年第四季度一级钢的比例，从通常的 93% 下降到 50% 以下。

1958 年 8 月召开的中共中央政治局北戴河会议，还通过一项决议，在全国普遍建立规模较大的、工农商学兵合一的、乡社合一的、集体化程度更高的人民公社。并认为，"人民公社是加速社会主义建设和过渡到共产主义的一种最好的组织形式，并将发展成为未来的共产主义社会的基层单位"。

人民公社发轫于 1957 年冬以来大搞农田水利基本建设中的高级社小社并大社。与此同时兴起的大办地方工业的热潮，也在一定程度上促进了并社并乡的开展。另外，在大搞农田水利基本建设的过程中，不少地方自发地办起托儿所和公共食堂，以解放更多的劳动力投入生产第一线。这样一来，"乡社合一"与"工农商学一体"便初具雏形。这些情况反映到毛泽东等党和国家领导人那里，得到高度关注和肯定。1958 年 3 月，成都会议制定了《关于把小型的农业合作社适当地合并为大社的意见》。

从 1958 年 6 月起，开始出现一批以公社命名的大社。随后，又在毛泽东的指导下，根据河南省遂平县嵖岈山卫星农业社的经验，整理形成《嵖岈山卫星人民公社试行简章》。特别是这年 8 月间，毛泽东视察河北、河南、山东，发表"还是人民公社好"的谈话。消息一传开，不少地方领导头脑更加发热，在全国迅速形成了大办人民公社的热潮。同年 8 月中央政治局北戴河会议通过的《中共中央关于在农村建立人民公社问题的决议》传达之后，在短短 20 天时间里，全国基本上实现了人民公社化。9 月底，全国共将原有的 74 万个农业合作社，合并成 23384 个人民公社，入社农户达 112174651 户，每个公社平均约 4797 户。

人民公社，不单是名称和规模的变化，也是新中国成立以来农村生产关系和社会基层组织的一次重大变革。和先前的变革不同的是，这次变革严重脱离了农村生产力的实际水平，严重地影响了集体组织和社员生产积极性、主动性的发挥。人民公社的基本特点被概括为"一大二公"。所谓"大"就是规模大；所谓"公"就是生产资料公有化程度高。由于错误地认为公有化水平越高越好，普遍出现不顾生产力实际状况，急于从小集体向大集体过渡、从大集体向全民所有制过渡。再加上普遍实行内部的供给制和生产、分配环节以及公共食堂等方面的"大锅饭"，将原先归各个农业生产合作社及社员个人所有的土地、牲畜、农具等生产资料和其他集体积累统统无偿归以乡（镇）为单位的公社所有，严重侵犯了经济条件较好、收入水平较高的集体和社员的利益。因而后来被称为"共产风"。这种情况引起农民的不满和惊恐，纷纷宰牛杀猪宰羊，砍伐树木，加上自然灾害，造成生产力的很大破坏和人民情绪的紧张。

二、着手对"左"倾错误的纠正

就在全国上下继续推进"大跃进"和人民公社化运动的时候，

毛泽东通过调查研究较早察觉到一些问题，领导党和国家开始了纠正"左"倾错误的努力。

1958年10月中旬至11月初，毛泽东先后到河北、河南视察，中间还派人到河南省修武县、遂平县嵖岈山卫星人民公社、新乡七里营人民公社深入调研。通过调查，对人民公社化和大炼钢铁中存在的问题有了进一步了解。

11月初，毛泽东主持召开有部分中央领导人和部分地方负责人参加的会议（后称"第一次郑州会议"）。会上，有人赞赏取消货币流通，有人主张搞"共产主义建设十年规划纲要"。针对这些错误思想，毛泽东强调要划清社会主义和共产主义、集体所有制和全民所有制的界限，划清社会主义商品生产和资本主义商品生产的界限，人民公社必须生产适宜于交换的社会主义商品，并提出压低高指标的问题。会议形成《郑州会议关于人民公社若干问题的决议（草案）》，揭开了纠"左"的序幕。毛泽东还倡导读《马克思恩格斯列宁斯大林论共产主义社会》和斯大林的《苏联社会主义经济问题》，说："现在很多人有一大堆混乱思想，读这两本书就有可能给以澄清。"

11月下旬，中共中央政治局在武昌召开扩大会议。会议继续第一次郑州会议的工作，围绕人民公社问题和1959年国民经济计划安排，着重讨论了高指标和浮夸风问题。这次会议和第一次郑州会议，为开好中共八届六中全会做了思想和政策上的准备。

11月28日至12月10日，中共八届六中全会在武昌举行。会议讨论通过了《关于人民公社若干问题的决议》和《关于1959年国民经济计划的决议》。《关于人民公社若干问题的决议》明确指出，人民公社目前基本上仍然是集体所有制的经济组织。无论由社会主义的集体所有制向社会主义的全民所有制过渡，还是由社会主义向共产主义过渡，都必须以一定程度的生产力发展作为基础。决议明确了人民公社的经济发展方针；强调继续坚持发展商品生产和商品交换，继续坚持按劳分配，对于发展社会主义经济是两个重大的原则问题。决议还明确人民公社实行统一领导、分级管理的制度。一般分为公社、生产大队和生产小队三级，生产大队是进行经济核算的单位。但这次全会对人民公社仍带有超越阶段的认识，确定的1959年国民经济指标仍然严重脱离了实际可能。这说明，"左"倾错误有一个发展过程，对"左"倾错误的认识和纠正也需要有一个过程。

中共八届六中全会以后，毛泽东继续调查研究，并于1959年2月27日至3月5日召开第二次郑州会议。会议的主要议题是讨论人民公社的体制问题。毛泽东在会上尖锐地指出："在公社范围内，实行贫富拉平，平均分配；对生产队的某些财产无代价地上调；银行方面，也把许多农村中的贷款一律收回。'一平、二调、三收款'，引起广大农民的很大恐慌。这是我们目前同农民关系中的一个最根本的问题。"提出应该纠正平均主义和过分集中两种倾向。会议根据毛泽东讲话精神制定了《关于人民公社管理体制的若干规定（草案）》（以下简称《若干规定（草案）》）。《若干规定（草案）》确定了整顿和建设人民公社的方针是：统一领导，队为基础；分级管理，权力下放；三级核算，各计盈亏；分配计划，由社决定；适当积累，合理调剂；物资劳动，等价交换；按劳分配，承认差别。

人民公社内部"一平"、"二调"问题得到初步解决后，

1959年2月27日至3月5日，中共中央在郑州召开政治局扩大会议（即第二次郑州会议）。会议的主要议题是讨论人民公社的体制问题。图为会议期间毛泽东在火车上同部分省、市第一书记谈话。

进一步压缩钢铁生产指标成为必须解决的问题。1959年3月25日至4月1日在上海召开的中共中央政治局扩大会议和4月2日至5日召开的中共八届七中全会，确定将当年钢产指标从2000万吨下调至1800万吨，其他指标也作了相应下调。全会后，毛泽东对压缩后的钢产指标能否完成仍有疑虑，委托陈云进行研究。5月下旬，中央决定采纳陈云的建议，将指标进一步下调为钢 1300 万吨、铁 1900 万吨、钢材 900 万吨。

经过 7 个月的纠"左"，原先发热的情绪逐渐冷静下来，高指标和"共产风"的问题得到有效遏制。如果按照这个趋势继续发展下去，本来是有可能避免遭遇到更为严重的困难的。

三、庐山会议的召开和从纠"左"到反右的变化

1959 年 7 月至 8 月中共中央召开的庐山会议，是一次重要的会议。

会议的最初阶段，是中共中央政治局扩大会议。会议的目的，是要在肯定总路线、"大跃进"、人民公社"三面红旗"的基础上，进一步统一思想，巩固前一段纠正"左"的错误。7 月 14 日，会议印发《庐山会议诸问题的议定记录（草稿）》，并预定会议于 15 日结束。会议开始时，毛泽东提出讨论 18 个问题，包括读书、当前形势、今后任务、一些具体政策以及团结和统一思想等，后来增加了第 19 个问题即国际问题。为了使广大干部懂得社会主义经济的发展规律，毛泽东还要求地委以上党委委员读苏联《政治经济学教科书》的社会主义部分。从 7 月 3 日起，会议按协作区分六个组进行讨论，中央领导人分头参加各组讨论。

7 月 14 日，中共中央政治局委员、国务院副总理兼国防部部长彭德怀给毛泽东写了一封信，在肯定总路线、"大跃进"和人民公社化运动成绩的前提下，对浮夸风气较普遍地滋长起来，小资产阶级狂热性使我们容易犯"左"倾错误等思想方法和工作作风提出了批评。彭德怀提出的基本观点，反映了客观

实际和群众要求，在当时历史条件下是难能可贵的，发表意见的方式也符合党的组织原则，所涉及的内容没有超出郑州会议以来纠"左"工作的范围。但是，这封信引起了毛泽东的强烈不满。由此，成为庐山会议由纠"左"变为"反右倾"的转折点。

8月2日至16日，中共八届八中全会在庐山召开。全会通过了《关于以彭德怀同志为首的反党集团的错误的决议》等决议。随即中共中央决定在全党全国开展一场"反右倾"运动。这场斗争在政治上使党内从中央到基层的民主生活遭到严重损害，在经济上打断了纠正"左"倾错误的进程，使错误延续了更长时间。

在再度兴起的高指标、浮夸风的助推下，尽管1959年钢、煤、生铁等主要工业产品完成了指标，但是积累率上升到43.9%，大中型项目投产率只有12%。更为严重的是农业。1959年农业总产值比上年下降13.6%。又由于高估产导致了高征购，1959年征购粮食达到1348亿斤，占实际产量的33.7%，致使粮食比上年实际减产15%的情况下，反而比上年多征购14.7%。大上基建项目和增招大批职工的结果，使1959年国家财政赤字达65.8亿元，生产物资和生活物资供应严重不足。

在这种情况下，1960年的国民经济计划仍然制定出更高的指标。所谓的"持续跃进"仅仅维持了半年，便陷入了新中国成立以来最为严重的困难局面。农业和轻工业生产大幅度下降，国家对包括粮、肉、蛋、糖、肥皂、火柴等各种商品实行定量、凭证凭票供应。1960年同1957年相比，城乡居民人均粮食消费量减少19.5%。

严峻的现实使中国共产党和全国人民必须重新思考中国社会

主义建设的指导方针。这样，采取调整方针，纠正"左"的错误，度过困难时期，使国家经济建设沿着正确的方向前进，就势所必然了。

第三节　认真贯彻全面调整国民经济的"八字方针"

一、"八字方针"的提出和大兴调查研究之风

1960 年下半年起，国民经济形势进一步恶化。1960 年 6 月，毛泽东在上海中共中央政治局扩大会议期间写了《十年总结》，从认识论的高度，概括了十年社会主义建设的思想递进历程，分析了这个历程的得失利弊，并引出如何认识社会主义建设规律的问题。承认高指标没有反映客观实际，没有做到实事求是；承认对社会主义革命和建设还有很大的盲目性。这表明，在严重困难面前，党和国家领导人在经济建设指导思想上开始发生改变。

1960 年 8 月，中央发出《全党动手，大办农业，大办粮食的指示》和《关于开展以保粮、保钢为中心的增产节约运动的指示》，决定在保粮、保钢的前提下，压缩基本建设战线，加强农业战线，并决定今后国民经济不搞两本账，不搞计划外的东西，不留缺口。根据上述精神，周恩来、李富春在研究 1961 年国民经济计划控

制数字时，提出对国民经济实行"调整、巩固、充实、提高"的八字方针。其主要内容是调整国民经济各部门间的结构、比例，巩固生产建设成果，充实新兴产业和短缺产品，提高产品质量和经济效益。

从1959年起，全国粮食产量连续两年下降。1959年粮食产量仅为3400亿斤，比1958年实际产量减少600亿斤，当时被高估为5400亿斤。1960年粮食产量进一步降至2870亿斤，比1959年减少530亿斤，跌落到1951年的水平。

国民经济的调整首先从农村开始。面对农业的严重局面，中共中央于1960年11月发出《关于农村人民公社当前政策问题的紧急指示信》（即"十二条"），核心是要求全党用最大的努力来彻底纠正"共产风"。主要内容是重申三级所有、生产队为基础，是现阶段人民公社的根本制度；坚决反对和彻底纠正"一平二调"的错误；加强生产队的基本所有制；实行生产小队的小部分所有制；允许社员经营少量的自留地和小规模的家庭副业；少扣多分，尽力做到90%的社员增加收入；坚持各尽所能、按劳分配的原则，供给部分和工资部分三七开；从各方面节约劳动力，加强农业生产第一线；有领导有计划地恢复农村集市，活跃农村经济；认真实行劳逸结合；放手发动群众，整风整社等。随后，中共中央又发出《关于彻底纠正五风问题的指示》，提出："必须在几个月内下决心彻底纠正十分错误的'共产风'、浮夸风、命令风、干部特殊风和对生产瞎指挥风，而以纠正'共产风'为重点，带动其余四项歪风的纠正。"

1961年1月，中共八届九中全会在北京召开。会议决定从1961年起对国民经济实行"调整、巩固、充实、提高"的八字方

1961 年 1 月 14 日至 18 日，中共八届九中全会在北京举行。会议决定从 1961 年起对国民经济实行"调整、巩固、充实、提高"的八字方针。

针，使整个国民经济实现综合平衡，按比例发展。全会上，毛泽东号召全党大兴调查研究之风，一切从实际出发，使 1961 年成为实事求是年、调查研究年。

二、"农业六十条"及其他各项工作条例的制定

以中共八届九中全会为标志，国民经济建设由"大跃进"转入调整阶段。这次会后，从中央到地方的各级领导干部兴起调查

研究的热潮，有力地推动了问题的解决。

　　毛泽东领导三个调查组分赴浙江、湖南、广东农村调查。在调查研究中发现，1960年那封《紧急指示信》只是解决了公社无偿平调问题，还没有完全解决生产大队内部生产队之间的平均主义和生产队内部社员之间的平均主义问题。为此，1961年3月，在广州召开的中央工作会议上，毛泽东主持起草了《农村人民公社工作条例（草案）》（简称"农业六十条"）。这个条例草案着重解决生产队与生产队之间、社员与社员之间两个平均主义的问题，规定以生产大队的集体所有制为基础的三级集体所有制，是现阶段人民公社的根本制度，并对社队规模、社员分配、社员家庭副业等作了有利于恢复和发展农业生产的规定。同年6月在北京召开的中央工作会议上，形成《农村人民公社工作条例（修正草案）》，最重要的修改是取消了关于公共食堂和供给制的规定。这以后，发现生产队之间平均分配、贫富拉平的现象还没有真正解决，中共中央又于1962年2月发出《关于改变农村人民公社基本核算单位问题的指示》，决定将人民公社的基本核算单位由生产大队改为生产队。这是农村人民公社体制的一次重大变革。有关的重要内容写入同年中共八届十中全会通过的《农村人民公社工作条例（修正草案）》，一直实行到改革开放初期。

　　同"农业六十条"一样，这一时期的很多政策调整，最终都形成了相应的工作条例。

　　1961年9月，庐山中央工作会议讨论通过在邓小平主持下制定的《国营工业企业工作条例（草案）》（简称"工业七十条"）。条例草案针对1958年"大跃进"以来企业管理工作的混乱状态，提出国家对企业实现"五定"，企业对国家实现"五保"，①稳定了国营企业的生产秩序。条例草案还明确规定了整顿国营工业企业的主要任务和具体办法，要求建立和健全各级责任制和各项规章制度，特别是增加了厂长领导下、以总会计师为首的财务管理责任制，强调计划管理、技术管理、劳动管理、经济核算、按劳分配和职工物质利益等项原则。

同年 5 月 21 日至 6 月 12 日在北京举行的中共中央工作会议还讨论通过了《关于城乡手工业若干政策问题的规定（试行草案）》（简称"手工业三十五条"）和《关于改进商业工作的若干规定（试行草案）》（简称"商业四十条"）。"手工业三十五条"提出，在社会主义阶段，手工业有三种所有制形式，即全民所有制、集体所有制和个体所有制，集体所有制是主要的。手工业的所有制调整的主要内容是，重新恢复转为国营工业和公社工业而不利于生产发展的手工业合作组织。"商业四十条"规定，在现阶段，商业组织有三种形式，即国营商业、供销合作社商业和农村集市贸易。中央决定开放农村集市贸易。商业工作必须兼顾国家、集体和个人三方面的利益。这就纠正了"大跃进"以来取消小商小贩和农村集市贸易，将集体性质的手工业和商业向全民所有制过渡的错误。

此外，还制定了《关于自然科学研究机构当前工作的十四条意见（草案）》（简称"科学十四条"）、《教育部直属高等学校暂行工作条例（草案）》（简称"高教六十条"）、《全日制中学暂行工作条例（草案）》（简称"中教五十条"）、《全

---

① "五定"即定产品方向和生产规模；定人员、机构；定主要的原料、材料、燃料、动力、工具的消耗定额和供应来源；定固定资产和流动资金；定协作关系。"五保"即企业对国家保证产品的品种、数量和质量；保证不超过工资总额；保证完成成本计划，并力求降低成本；保证完成上缴利润；保证主要设备的使用期限。

日制小学暂行工作条例（草案）》（简称"小教四十条"）和《关于当前文学艺术工作若干问题的意见（草案）》（简称"文艺八条"）等。

上述各项工作条例的制定和贯彻实行，使得在"大跃进"中被打乱了的生产、流通以及文教等领域的秩序得以恢复，对"八字方针"的贯彻落实起了很大的推动作用。

三、七千人大会的召开

经过1961年的调整，政策措施开始初见成效，但整个形势仍然比较严峻，迫切需要进一步统一全党的认识，更加坚定地执行调整方针。1962年1月11日至2月7日，中共中央在北京召开扩大的中央工作会议。参加会议的有中央各部门、各省市自治区党委及地委、县委、重要厂矿企业和部队的负责人共7000多人，通常称"七千人大会"。会议初步总结了"大跃进"中的经验教训，开展了党内批评和自我批评，对"左"的错误作了一次比较集中的清理。

刘少奇代表中共中央向会议提交书面报告并在会议上讲话，实事求是地指出三年自然灾害和工作中的缺点错误所造成的工农业生产力的破坏。指出产生这些缺点和错误的原因有两个方面：一方面是缺乏社会主义建设经验；另一方面是党内不少领导同志违反了党的实事求是和群众路线的传统工作作风，违反了民主集中制原则，没有充分发挥民主，使人们不敢讲话。还指出，有些地方，造成经济困难的主要原因不是天灾，而是工作中的缺点和错误。他还借用湖南一个地方农民的话说，有一部分地区产生困

1962年2月，毛泽东（右二）、刘少奇（右三）、周恩来（左二）、朱德（左一）、陈云（左三）、邓小平（右一）在北京举行的扩大的中共中央工作会议上。

难的原因是"三分天灾，七分人祸"。

毛泽东在讲话中着重阐述民主集中制的极端重要性，并带头做了自我批评，表示："第一个负责的应当是我。"他还强调，在社会主义建设上，我们还有很大的盲目性。要在实践中逐步地加深对它的认识，弄清楚它的规律。这是毛泽东关于社会主义革命和社会主义建设思想的一篇重要讲话。由于中央领导人带头做自我批评，大会出现了各级负责人主动承担责任、主动检讨的民主气氛。

七千人大会以后，暴露出存在着 30 多亿元财政赤字的情况，如不采取措施，1962 年财政有出现更大赤字的危险。1962 年 2 月 21 日至 23 日，刘少奇在北京中南海西楼主持召开中共中央政治局常委扩大会议（又称"西楼会议"）。陈云分析了目前财政经济方面的困难，同时提出六条克服困难的意见：（一）把十年经济规划分为两个阶段，前一阶段是恢复阶段，后一阶段是发展阶段。（二）"精兵简政"，减少城市人口。（三）采取一切办法制止通货膨胀。（四）尽力保证城市人民的最低生活需要。（五）把一切可能的力量用于农业增产。（六）计划机关的主要注意力，应该从工业、交通方面，转移到农业增产和制止通货膨胀方面来。陈云这个讲话，成为西楼会议和随后出台的进行大幅度调整的一系列政策的基础。

随后，中共中央决定重新设立中央财经小组，由陈云任组长，并将其从过去的咨询机构改为决策机构，统管经济工作。5 月，中共中央工作会议讨论和通过了《关于讨论 1962 年调整计划的报告》，经毛泽东批准下发全国贯彻执行。更大规模的国民经济调整工作在全国展开。

四、各个领域的全面调整

七千人大会以后，特别是西楼会议对 1962 年国民经济计划作较大幅度调整之后，各个领域进一步加大了贯彻国民经济全面调整"八字方针"的力度，相继出台若干重要举措。

在国民经济全面调整方面的具体措施主要有：第一，减少城镇人口，精减职工，充实农业生产劳动力。在1961年减少1000万城镇人口的基础上，1962年再精简1000万。第二，压缩基本建设规模，停建缓建大批基本建设项目，使1962年基本建设投资规模从59.5亿元降至46亿元，并对地方小企业实行关、停、并、转。第三，严格财经纪律，抑制通货膨胀。国家财政预算，从中央到地方实行上下一本账，坚持收支平衡，略有节余，一律不准打赤字预算。对预算外资金实行严格整顿。严格企业财务管理，加强经济核算。收回银行下放的一切权力，对银行业务实行垂直领导，严格信贷和现金管理。

在调整政治关系方面的主要措施有：（一）划清党政工作界限，在领导体制、党政关系方面进行调整。第一，制定一系列工作条例，一定程度上实行党政分工合作。第二，强调发挥各级人民代表大会的职能，改变以党代政的状况。（二）调整统一战线方面的工作。第一，调整同各民主党派和无党派民主人士的关系。在1962年四五月间召开的全国统战工作会议上，提出着重做好调整关系、加强合作、发扬民主、组织学习四项工作，同各民主党派和无党派民主人士的关系得到改善。第二，调整侨务政策。国家成立接待和安置归国华侨委员会，妥善安置归国华侨，对在人民公社化中平调侨眷和归侨房屋、侵占侨汇等情况一律进行清理退还，对因所谓"海外关系"遭受错误处理的人员落实政策。（三）进行甄别平反工作。对在"反右倾"运动中遭受批判和处分的党员和干部进行甄别平反。由于采取"一揽子"解决的办法，这项工作进展较快。截至1962年8月底，已经甄别了695万人，占受批判和处分人数的 86%。

知识分子政策和科学教育文艺政策的进一步调整。1962 年二三月间，全国科学工作会议，全国话剧、歌剧、儿童剧创作座谈会在广州同时举行。周恩来在会上作了《论知识分子问题》的报告，重新肯定了他在 1956 年提出的知识分子的绝大部分已经是工人阶级的一部分的结论。陈毅在讲话中，宣布给广大知识分子"脱帽加冕"，即脱掉"资产阶级知识分子"之帽，加上"劳动人民知识分子"之冕，并郑重地向与会人员行了"脱帽礼"，使到会的人深受感动和鼓舞。同时，党还为被错误批判和处理的知识分子甄别平反，为 30 多万"右派分子"摘帽。

这一时期，党和国家还对教育政策、科技政策、民族宗教政策等作了调整，纠正过左的政策，使各方面积极性开始调动起来。

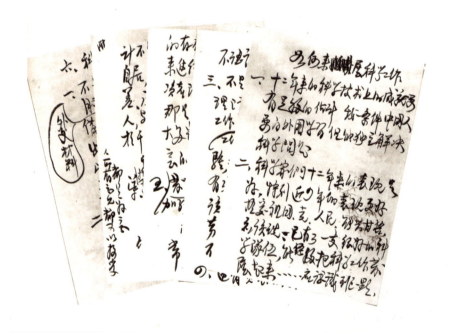

1962 年 3 月，国家科委在广州召开全国科学工作会议。图为陈毅的讲话提纲。

五、经济体制的初步改革

在国民经济调整时期，党和国家对经济体制改革作了一些探索，这些探索是 1956 年中共八大前后经济管理体制改革探索的继续。

当时在工业组织管理形式上的重要改革，是在工业交通部门试办托拉斯，以解决企业管理体制的条条（中央各部）与块块（地方政府）之间的矛盾。1964 年 8 月，中共中央、国务院批转《关于试办工业、交通托拉斯的意见的报告（草稿）》。国务院批准第一批试办的 12 个部属托拉斯，部分省市还办了一批归地方管理的托拉斯。这些托拉斯都是按行业组织起来的专业性的联合企业。试办托拉斯的时间不长，取得了良好的经济效果：精简了机构和人员，提高了产品的产量、品种、质量，大幅度增加了利税，提高了劳动生产率。

在贯彻"工业七十条"的过程中，对国营工业企业内部的管理体制也作了必要的改革，重新建立党委领导下的厂长负责制，建立健全各种生产经营责任制，适当扩大企业的财权，实行按劳分配。这些举措取得良好的经济效果。1965 年前后，中国工业经济技术指标达到或超过 1957 年水平。

从 1964 年起，还进行了教育制度和劳动制度的改革，即试行两种教育制度和两种劳动制度。这里所说的两种教育制度，是在保持全日制教育为主的同时，辅之以半工半读的教育制度。两种劳动制度，一是指以八小时劳动制度为主的同时，辅之以半工半读的劳动制度；二是指固定工制度与临时工、合同工制度并存。

国民经济调整时期，整顿了"大跃进"时期由于不适当地强调将经济管理权力层层下放给地方造成的混乱局面，取得明显成效。但随着国民经济的恢复和发展，客观上又提出了适当扩大地方管理权限的需要。在这种情况下，党和国家进行了扩大地方管理权限的改革，将部分基本建设投资权、计划管理权、物资分配权和机动财力划归地方。

上述有益的改革探索，对国民经济恢复发展起到很好的促进作用。

六、自力更生，艰苦奋斗，共渡难关

由于反右倾斗争在总体上打断了第一次郑州会议以来纠"左"的进程，国民经济继续"大跃进"，使生产力的发展遭到极大破坏，导致国民经济的严重困难。在严重困难面前，中国人民没有被吓倒。以毛泽东为代表的老一辈革命家带头节衣缩食，同全国各族人民一起同舟共济、共渡难关，谱写了自力更生、艰苦奋斗、战胜困难的凯歌。这一时期，涌现出大庆、大寨等先进典型，雷锋、焦裕禄、王进喜等先进模范人物，以"两弹一星"为代表的攻克国防尖端技术的英雄群体。

石油工业，长期以来是制约中国工业发展的薄弱环节。1959年9月，根据李四光提出的大地构造理论和油气形成移聚条件理论，在黑龙江松辽地区首次钻探出工业油流。因恰逢新中国成立10周年，这片尚待开发的油田被命名为"大庆油田"。1960年年初，从全国调集精兵强将，组织大庆石油会战。

1959 年 9 月底，根据李四光提出的大地构造理论和油气形成移聚条件理论，在黑龙江松辽地区首次钻探出工业油流。图为 1959 年 9 月底松辽石油勘探局钻探的松基 3 井喷出工业性油流。

当时正值严重困难时期，又是在青天一顶、荒草一片的高寒草原上，连基本生活条件都难以保证。以 1205 钻井队队长王进喜为代表的大庆工人发出"宁可少活 20 年，拼命也要拿下大油田"的豪迈誓言，一不怕苦、二不怕死，创造出一个又一个石油开发史上的奇迹。历时三年多的大庆石油会战，中国原油产量大幅度上升。1963 年，全国原油产量达到 647.6 万吨，占国内消费总量的 71.5%，标志着中国石油工业的历史性转折。从此，大庆成为工业战线一面旗帜。

随后，按照大庆石油会战的经验，又相继发现和建设了胜利油田、大港油田、辽河油田和冀中油田。1965 年，原油产量达到1131.5 万吨，国内原油及其产品实现全部自给。

山西省昔阳县大寨大队，地处太行山区。全部的 802 亩耕地分散在七沟、八梁、一面坡上，土地贫瘠，粮食产量很低。大寨人用了 5 个冬春战天斗地，把穷山沟改造成富饶的米粮川，粮食亩产从新中国成立前的 50 多公斤增加到 350 公斤。像大寨这样愚公移山、改造中国的感人事例，在当时还有很多。如位于太行山东麓的河南省林县，从 1960 年至 1969 年年初，在悬崖绝壁上盘山开凿出总长近 2000 公里的引水渠，将漳河水引入林县，灌溉面积达到 60 万亩，还解决了饮水困难。

中国国防尖端技术的发展，最初得到苏联政府的帮助。但随着中苏两党两国关系的恶化，这种帮助在 20 世纪 60 年代初就被苏联单方面全面中断了。苏联撤走专家、中断援助的消息传来，毛泽东当即表示："要下决心搞尖端技术。"中共中央和中央军委关于自力更生发展国防尖端技术的决策，使国防科技战线的科技人员、工人等受

1964 年，山西昔阳大寨公社大寨大队的女青年社员劈山造田。

到鼓舞。各条战线、各个部门通力合作，1960年，我国第一枚探空火箭和近程导弹发射成功，于 1964 年 6 月 29 日成功发射中国自行研制的"东风 2 号"中近程地对地导弹，同年 10 月 16 日又成功试爆中国自行研制的第一颗原子弹，还在 1966 年 10 月 27 日实现了导弹与原子弹"两弹结合"。人造卫星进入工程研制阶段。以"两弹一星"为核心的国防尖端科技

1964 年 10 月 16 日，中国成功试爆第一颗原子弹。

的辉煌成就，不仅是我国国防现代化的伟大成就，也是中国现代化科学技术事业发展的重要标志。

　　这一系列的经验表明，在中国共产党的正确领导下，中国人民秉承和发扬自力更生、艰苦奋斗精神，是完全有可能在尽可能短的时间里建成社会主义现代化国家的。

第四节　国民经济调整任务的完成和"左"倾错误的发展

一、三届全国人大一次会议的召开和国民经济调整任务的完成

经过 1961 年到 1965 年的努力，工农业生产得到全面恢复和发展，国民经济调整任务胜利完成。

1964 年 12 月 21 日至 1965 年 1 月 4 日，第三届全国人民代表大会第一次会议在北京召开。大会听取、审议、通过了周恩来所作的《政府工作报告》；听取、审议和批准了谢觉哉作的《最高人民法院工作报告》和张鼎丞作的《最高人民检察院工作报告》；通过了《关于 1965 年国民经济计划主要指标和 1965 年国家预算初步安排的决议》等。大会继续选举刘少奇为中华人民共和国主席，宋庆龄、董必武为副主席；朱德为全国人大常委会委员长；彭真、刘伯承、李井泉、康生、郭沫若、何香凝等 18 人为副委员长；选举杨秀峰为最高人民法院院长，张鼎丞为最高人民检察院检察长。大会决定周恩来为国务院总理，还决定林彪、

1964 年 12 月 21 日至 1965 年 1 月 4 日，第三届全国人民代表大会第一次会议在北京召开。图为周恩来在三届全国人大一次会议上作政府工作报告。

陈云、邓小平、贺龙、陈毅、柯庆施等 16 人为国务院副总理。

周恩来在政府工作报告中第一次完整地提出了实现"四个现代化"的奋斗目标："要在不太长的历史时期内，把我国建设为一个具有现代农业、现代工业、现代国防和现代科学技术的社会主义强国，赶上和超过世界先进水平。为了实现这个伟大的历史任务，从第三个五年计划开始，我国的国民经济发展，可以按两步来考虑：第一步，建立一个独立的比较完整的工业体系和国民经济体系；第二步，全面实现农业、工业、国防和科学技术的现代化，使我国经济走在世界的前列。"

"四个现代化"社会主义强国的宏伟目标，集中体现了全国各族人民的愿望，极大地鼓舞全国各族人民奋发图强、自力更生，在社会主义的建设道路上不断战胜困难，胜利前进。三届全国人大一次会议以明确提出"四个现代化"伟大目标而具有自己特殊的历史地位。

三届全国人大一次会议对国民经济调整工作起了重要的推动作用。经过 1961 年至 1965 年的艰苦努力，工农业生产得到全面恢复和发展。至 1965 年年底，国民经济调整的任务终于得以全面完成。工农业总产值超过 1957 年的水平。工农业生产中农轻重的比例关系实现了在新的基础上的协调发展。国民经济生活中积累与消费的比例关系基本恢复正常。财政收支平衡，市场稳定，人民生活有所改善。

二、第三个五年计划的制定与三线建设的展开

在国民经济调整初见成效之际，制定 1966 年至 1970 年国民经济第三个五年计划的任务提上日程。"三五"计划从 1963 年年初开始制定，当时确定的目标是集中力量解决人民的吃穿用问题，由此明确国民经济计划和工业发展的方向和顺序是：吃穿用第一，基础工业第二，国防第三。

在制定第三个五年计划的时候，出现了战备情况骤紧的情况。1962 年以后，国民党武装特务连续袭扰东南沿海和广东沿海，企图在大陆建立"反攻大陆"的游击走廊。同时，西线中印边境争端加剧。美国还在不断升级侵越战争，威胁中国南部安全。

面对这种态势，党和国家于 1964 年五六月间下决心开展三线建设，建立后方战略工业基地，并成立国务院三线建设专案小

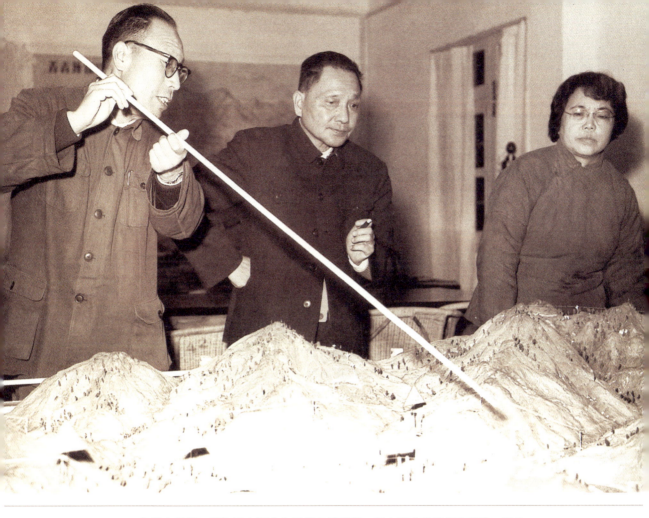

1964 年五六月间，党和国家下决心开展三线建设，建立后方战略工业基地。图为 1965 年 12 月，邓小平到渡口（后更名为攀枝花市）观看攀枝花钢铁公司厂区规划模型。

组（李富春任组长）和由李井泉等负责的西南三线建设指挥部、由刘澜涛等负责的西北三线建设指挥部。

所谓三线建设，有两层含义：一是大三线，一线即沿海地区，二线地区主要指中部地区，三线主要指西南地区和西北地区；二是小三线，主要指沿海和中部地区的腹地。大三线建设的基本方针是：一切新建项目均应摆在三线地区，并按分散、靠山、隐蔽的原则布点；一线的重要工厂、重点高等院校、重要科研机构，有计划地全部或部分迁移到三线地区；不再新建大中型水库；恢复人民防空委员会，在北京、上海、沈阳等大城市兴建地下铁道。小三线建设是指第一线和第二线各省也要有自己的三线建设项目。

三线建设的开展，对第三个五年计划的指导思想产生了重要影响，其重心从吃穿用转到了备战和国防建设。1965 年 9 月，国家计委向中共中央提交了《关于第三个五年计划安排情况的汇报提纲》，在突出强调三线国防建设、着重于改变工业布局的同时，提出必须立足于战争，从准备大打、早打出发，积极备战，把国防建设放在第一位。要抢时间把三线地区建设成具有一定规模的战略大后方。在国防工业首先把最基本的常规武器搞起来，同时确保尖端方面一些最急需的周期较长的工程项目的建设。要求用五年或稍多一点时间，将三线地区建设成为一个门类比较齐全的新的工业基地。

"三五"计划的制定和三线建设的展开，是加快实现我国农业、工业、国防和科学技术四个现代化进程的一个重要步骤，对于改善我国国民经济布局，推进中西部落后地区的经济社会发展有较大作用。

第三个五年计划的实施，受到"文化大革命"的严重干扰，但到 1970 年各项主要经济指标都完成了计划。

三、重新强调阶级斗争

1962 年 7 月 25 日至 8 月 24 日，中共中央在北戴河召开工作会议。原定议题是讨论农业、粮食、财贸和城市等问题。8 月 6 日，毛泽东在大会上作了关于阶级、形势、矛盾问题的讲话，提出三个问题要与会者讨论：社会主义国家究竟存在不存在阶级？国内形势这两年来究竟是"一片光明"还是"一片黑暗"？社会主义社会是否存在矛盾？这样，北戴河工作会议的重点就转为讨论阶级斗争问题。

9月24日至27日，中共八届十中全会在北京召开。毛泽东在开幕式上作了"关于阶级、形势、矛盾和党内团结问题"的讲话，继续阐发他在北戴河会议上提出的论点。全会除研究经济工作外，阶级斗争问题是这次全会的中心议题。全会用大部分时间对社会主义社会的阶级斗争问题进行了讨论，对所谓"黑暗风"、"单干风"和"翻案风"进行了重点批判，对党的工作产生了严重的消极影响。

毛泽东对所谓"黑暗风"的批判，是针对党内特别是中央领导层一些人对困难的估计过分提出的，认为他们把形势说成一片黑暗，引得一些人思想混乱，丧失前途，丧失信心。对所谓"单干风"的批判，是针对中央领导层一些人对农村包产到户、分田到户的支持提出的，认为关于包产到户的争论，就是究竟搞资本主义还是搞社会主义。对所谓"翻案风"的批判，是针对彭德怀于同年6月16日给中央和毛泽东的长篇申诉信（即"八万言书"）提出的。9月27日，全会决定成立专案审查委员会，对彭德怀的问题继续进行审查。在批判"翻案风"中，由于康生的诬告，指责小说《刘志丹》为高岗翻案，借机对习仲勋、贾拓夫、刘景范进行专案审查，并错误地冠以"彭（德怀）、高（岗）、习（仲勋）"反党集团。

毛泽东的讲话和经过他审定的会议公报，把社会主义社会中一定范围内存在的阶级斗争扩大化和绝对化，发展了他在1957年反右派斗争以后提出的无产阶级同资产阶级的矛盾仍然是我国社会的主要矛盾的观点，进一步强调在整个社会主义历史阶段资产阶级都将存在和企图复辟，并成为党内产生修正主义的根源。这些论点的形成，标志着"左"倾指导思想的进一步发展。

全会结束的时候，毛泽东也吸取了1959年庐山会议后开展"反右倾"运动干扰了经济工作的教训，采纳了刘少奇的意见，提出不要因为强调阶级斗争而放松以至妨碍经济工作，工作问题和阶级斗争问题要分开。国民经济的调整基本上仍按原计划进行，到1965年基本完成。

四、开展城乡社会主义教育运动

在中共八届十中全会上，毛泽东再次提出在城乡开展社会主义教育运动。全会闭幕后，一些地区进行整社整风和社会主义教育运动（以下简称"社教运动"）试点。其中，河北省保定地区通过"四清"（清账目、清仓库、清财务、清工分），查出一些干部存在多吃多占、铺张浪费、贪污盗窃等问题；湖南省发现问题严重的干部占有相当比例，还有投机倒把、反攻倒算等问题。

1963年2月，中共中央在北京召开工作会议，着重讨论城市"五反"（即反对贪污盗窃、反对投机倒把、反对铺张浪费、反对分散主义、反对官僚主义）和农村社教运动问题。毛泽东推荐了湖南开展社教运动和河北开展"四清"的经验，提出"阶级斗争，一抓就灵"。这次会后，"五反"运动也开展起来。

开始时，毛泽东主要通过批转典型材料来指导运动。随着运动的发展，他感觉需要中央作出一个决定。1963年5月，毛泽东在杭州主持制定《关于目前农村工作中若干问题的决定（草案）》（即"前十条"），并于5月20日正式发出。

"前十条"的规定大多是原则性的，各地在试点中，提出许多具体政策问题。9月，中共中央举行专门讨论农村社教问题的工作会议。随后又在会议纪要基础上，经过反复讨论修改，形成《关于农村社会主义教育运动中一些具体政策的规定（草案）》（即"后十条"）。文件经毛泽东修改定稿，提交11月14日中共中央政治局扩大会议讨论通过后，与"前十条"一并下发到全国城乡。

这两个"十条"下发后，农村社教运动在全国各地铺开。随着运动的开展，各地党委对农村的阶级斗争看得越来越严重，纷纷写报告反映农村阶级斗争的严重情况。再加上中苏论战于1963年下半年开始，国际反修斗争对国内农村社教、城市"五反"也产生了影响，中共中央领导人对国内阶级斗争的严重性估计得日益严重，并且提出了党内出修正主义的危险性。

1964年5月15日至6月17日，中共中央在北京举行工作会议，讨论第三个五年计划期间的农业发展规划和农村社教运动问题。会议根据讨论情况作出估计，国家有1/3左右的基层单位的权力不在党的手里。会后，成立"四清"、"五反"指挥部，由刘少奇主管。

同年9月，刘少奇主持修改的"后十条"正式下发。修改后的"后十条"，改变了原来依靠基层组织和基层干部搞农村社教运动的做法，提出要在对农村基层组织和干部扎根串联、调查研究之后，可依靠的就依靠，不可依靠的不依靠，并规定整个运动由工作队领导。这以后，农村社教运动转向了夺权斗争，重点由经济"四清"转向政治"四清"（即清政治、清经济、清组织、清思想），农村社教运动由工作队包办代替。

1964年12月15日至1965年1月14日，中共中央政治局在北京召开全国工作会议。在毛泽东主持下，会议制定了《农村社会主义教育运动中目前提出的一些问题》（即"二十三条"）。"二十三条"规定城市和农村的社会主义教育运动今后一律称为"四清"运动，并对搞好运动的标准、运动中的有关政策和工作方法等作出了全面的规定。"二十三条"在一定程度上纠正了对基层干部打击面过宽的错误，使一大批基层干部得到解脱；改变由工作队包办的做法，提出在工作方法上要实行群众、干部、工作队三结合；强调"四清"要落在建设上，在搞好农村社教运动的六条标准中，增加了"是增产还是减产"。

然而，"二十三条"在指导思想上仍然强调"抓住阶级斗争这个纲，抓住社会主义和资本主义两条道路斗争这个纲"。按照这样一个思路，"二十三条"进而提出"这次运动的重点，是整党内那些走资本主义道路的当权派"。这就使阶级斗争扩大化的"左"倾思想进一步发展，为后来"文化大革命"的发动，做了思想上和理论上的准备。

五、意识形态领域的过火政治批判

在中共八届十中全会上，毛泽东提出一个结论：用写小说来反党反人民，这是一大发明。凡是要推翻一个政权，总要先造成舆论，总要先做意识形态方面的工作。因此，在八届十中全会后，加强了对意识形态领域的政治批判。

这种批判，首先在文艺领域展开。首当其冲的就是对"鬼戏"的批判，随后又发展到对电影和戏剧界的批判。昆剧《李慧娘》、京剧《谢瑶环》、电影《北国江南》、《早春二月》、《舞台姐妹》、《林家铺子》等，作为"封资修的毒草"相继遭到批判。

1963 年 11 月，毛泽东根据文艺界政治批判揭露出来的所谓问题，批评文化部是所谓"帝王将相部"、"才子佳人部"、"外国死人部"。随后，又于同年 12 月和 1964 年 6 月，对文艺工作作出两个批示，对中国文艺界、对文联所属各个协会和它们掌握的大多数刊物，提出了尖锐的批评。这两个批示作为正式文件下发，成为文艺界整风的"纲领"。

两个批示的下达，对文艺界震动很大。根据毛泽东的意见，成立了由彭真、陆定一、康生、周扬、吴冷西组成的中央文化革命五人小组。彭真、陆定一、周扬、吴冷西为把这场政治批判限定在一定范围之内，做了许多努力。但在"左"倾思潮严重泛滥的情况下，这些努力难以阻止全盘否定新中国成立以来文艺工作之风。

这种政治上的过火批判也逐步扩大到学术界。哲学上杨献珍的"合二而一"，经济学界孙冶方的经济学理论，历史学界翦伯赞的历史研究方法等，都被贴上"反党反社会主义"的政治标签，遭到错误批判和处理。

这一时期意识形态领域进行的过火斗争，教训是严重的。它破坏了党的"百花齐放，百家争鸣"的方针，阻碍了文艺事业和学术工作的健康发展。通过对一些文艺作品、学术观点和文艺界、学术界的一些代表人物进行错误的、过火的政治批判，不仅使党和国家在对待知识分子问题、教育科学文化问题上发生了愈来愈严重的"左"的偏差，并且进一步加剧了"左"倾指导思想的发展，后来发展成为"文化大革命"的导火线。

第五节　全面建设社会主义时期各项建设事业的主要成就

一、经济建设取得显著成就

从 1956 年 9 月党的八大到 1966 年 5 月"文化大革命"前的十年，是党领导全国各族人民开始全面建设社会主义的十年，是党对中国自己的建设社会主义道路进行艰辛探索的十年。这十年里，经济建设发展取得突出成就，奠定了国家工业化的坚实基础。1965 年同 1957 年相比，主要工业品的产量，钢增长 1.29 倍，达到 1223 万吨；原煤增长 77.1%，达到 2.32 亿吨；发电量增长 2.5 倍，达到 676 亿度；原油增长 6.75 倍，达到 1131 万吨。农业产品产量也有所增长，其中棉花增长 27.93%，达到 4195.5 万担；粮食 19453 万吨，基本恢复到 1957 年水平。

工业生产能力大幅度提高，初步建成具有相当规模和一定技术水平的工业体系，工业布局趋向合理。能够生产以前不能炼制的高温合金钢、精密合金钢、高纯金属、有色稀有金属。机械工业逐步建立起门类比较齐全的机械制造体系，已经能够独立设计

1962 年 11 月 20 日我国第一座自行设计、制造设备的大型氮肥厂——上海吴泾化工厂的合成车间建成投产。

和制造一部分现代化大型设备。中国生产的纺织机械不但能满足国内需要，还能为 30 多个国家和地区提供成套设备。新兴的电子工业、原子能工业、航天工业，从无到有、从小到大逐步发展起来。中国已经能够生产雷达、广播电视发射设备、电视中心设备、无线电通讯设备、原子射线仪、各种气象仪、水声设备、电话交换机、电子计算机、电视机等。

交通运输业有了长足的发展。从 1958 年到 1965 年，全国新增铁路营运里程 9700 多公里，有 12 条干线建成或部分建成。包兰（包头至兰州）、兰青（兰州至青海）、兰新（兰州至新疆）等铁路建成通车。全国除西藏自治区外，各省、自治区、直辖市都通了铁路，福建、宁夏、青海、新疆等省区第一次通了火车。铁路货运量 1965 年比 1957 年增加 79.06%，客运量增加 31.93%。

公路、水运、航空等事业也有较大的发展，全国大部分县、镇通了汽车，沿海港口新增 10 多个万吨深水泊位，远洋航运开辟了通往东南亚、欧洲和非洲的 3 条航线。

农业基本建设取得了很大成绩。1958 年至 1965 年，大中型水利建设施工项目达到 290 多项，其中建成的有 150 多项。除淮河外，还治理黄河、海河两大水系以及其他水系。农业机械化、化学化也有所进展，机耕面积在耕地总面积中的比重由 2.4% 上升到 15%，机灌面积在灌溉总面积中的比重由 4.4% 上升到 24.5%，化肥每亩施用量由 0.5 斤上升到 2.5 斤，农村用电量由 1.4 亿度增加到 37.1 亿度。农村中，在植树造林、推广良种、改良土壤、控制水土流失、建立气象预报等方面，也都取得显著成绩。

二、科学技术事业有突破性进展

1956 年 12 月制定《1956—1967 年科学技术发展远景规划纲要（修正草案）》，到 1962 年在 57 项国家重要科学技术任务中，有 50 项已经达到原定目标，中国科学技术事业在各个方面都发生显著变化，大体上达到国际上 20 世纪 40 年代水平。

随后，又制定了《1963—1972 年科学技术发展规划》，于 1963 年 12 月正式实施。到 1966 年 6 月，十年规划规定的科研工作，有许多已经取得重要进展。为配合原子弹、氢弹、导弹的研究实验，研制出许多新型材料、仪器仪表、精密机械、大型设备等。设计试制了电子计算机、电子显微镜、射电望远镜、高速照相机、氨分子钟、30 万千瓦双水内冷发电机等一批高精尖设备，为独立自主地发展国防和现代化建设提供了保障。

经过 10 年发展，建设了一支能打硬仗的科学技术队伍。到
1965 年年底，全国自然科学技术人员达到 245.8 万人，其中具有
研究生学历的 1.6 万人。全国专门科研机构达 1714 个，专门从事
科学技术研究的人员有 12 万人。全国范围的科研工作系统已初
步形成。中国科学技术有了比较全面的发展。

农业领域，初步完成了全国耕地的土壤普查，在世界上最早
育成的矮秆水稻得到大面积推广。掌握了农作物优良品种培育、
灌溉、栽培、肥料、病虫害防治等综合的技术措施，大大提高了
中国粮食作物复种指数。选育了小麦、棉花、玉米等 8 种农作物
169 个优良品种，一般可增产 10% 至 15%。畜类改良、渔业资源
及鱼类洄游规律、林木速生丰产、橡胶种植的研究等，都从比较
薄弱的基础上较快地发
展起来。

工业领域，科学技
术进步突出表现在机械
工业大型成套设备的研
制生产上。中国已经能
够自行设计建设年产 150
万吨的钢铁联合企业、
年产 100 万吨的炼油厂、
年产 5 万吨的合成氨厂、
装机容量 65 万千瓦的水
力发电厂。试制成功新
型金属材料、新型无机
非金属材料、新型化工
材料共 1.28 万多项，在

1962 年 6 月，万吨水压机在上海正式投产。

品种上可以满足导弹、原子弹、航空、舰艇、无线电领域 90% 以上科研和生产的需要。

基础研究领域，基础科学研究开始同技术科学、应用技术的研究配合起来，成为解决经济和国防建设中许多重大问题必不可少的组成部分。1965 年 6 月至 7 月，30 多位专家经过 6 年多的努力，成功实现人工合成牛胰岛素。这是世界上第一个人工合成的蛋白质，它的结构、生物活力、物理化学性质、结晶形状和天然的牛胰岛素一样。这是中国取得的一项具有世界一流水平的科技成果。此外，一系列现代科学的新分支，如生物物理学、分子生物学、电生理学、酶化学、地球化学、地球动力学、岩石力学、物理力学、海洋学、射电天文学、近地空间、化学物理、络合物化学、催化动力学、低温物理、高能物理等，都有明显进展。

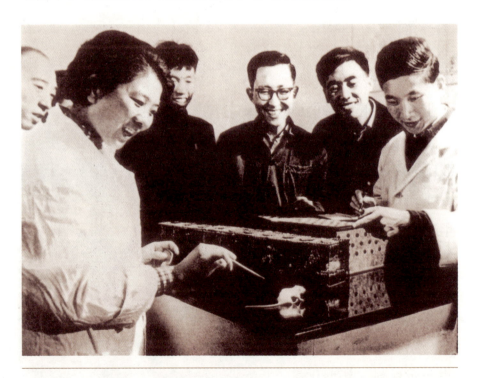

1965 年 6 月至 7 月，我国 30 多位专家经过 6 年多的努力，首次成功实现人工合成牛胰岛素。这一成果在世界上处于领先地位。图为科研人员将合成的牛胰岛素注入实验小白鼠体内，检测其生命活力。

三、文化、教育、卫生、体育事业在奠基中发展

由于贯彻执行了"百花齐放，百家争鸣"的方针，这一时期文化事业繁荣发展。文学界涌现一批在当代中国文化史上享有盛誉的作品，如《山乡巨变》、《青春之歌》、《红日》、《林海雪原》、《红岩》、《红旗谱》、《创业史》等。优秀话剧《霓虹灯下的哨兵》、《雷锋》、《年青的一代》、《千万不要忘记》等深受欢迎。京剧现代戏《芦荡火种》、《红灯记》、《红色娘子军》、《奇袭白虎团》、《智取威虎山》等受到好评。电影《青春之歌》、《五朵金花》、《舞台姐妹》、《兵临城下》、《小兵张嘎》、《李向阳》、《洪湖赤卫队》等在人们心目中留下深刻记忆。小提琴曲《梁山伯与祝英台》、管弦乐《春节序曲》等经久不衰。歌曲《克拉玛依之歌》、《走过这高高的兴安岭》、《洗衣歌》、《打靶归来》、《红梅赞》、《敖包相会》、《草原之夜》等在群众中广为传唱。为庆祝中华人民共和国成立15周年，创作演出的大型音乐舞蹈史诗《东方红》，在歌舞艺术革命化、民族化、群众化方面取得了新的成就。

群众文化工作进一步加强，文艺的普及工作取得显著成绩。成立了负责指导全国群众文艺活动的中央群众艺术馆；从中央到地方组成农村文化工作队，下乡为农民巡回演出，涌现出"乌兰牧骑"① 等群众文化典型。中国作家协会成立农村读物工作委员会，出版《农村文学读物丛书》。广大农村、工厂和部队开展了

———————————

① 蒙古语，意思是红色文化工作队，红色文艺轻骑队。

为庆祝中华人民共和国成立 15 周年，创作演出的大型音乐舞蹈史诗《东方红》，在歌舞艺术革命化、民族化、群众化方面取得了新的成就。图为序曲《葵花向太阳》剧照。

唱革命歌曲、讲革命故事的群众文艺活动。家史、村史、社史、厂史的群众性写作活动也格外活跃。图书报刊事业取得较大发展，1965 年，全国图书总印数 21.7 亿册，刊物总印数为 4.4 亿册，报纸总印数为 47.4 亿份。广播影视事业得到新发展，到 1966 年，全国拥有电台 78 座，电视台 13 座。10 年间，全国累计生产故事片 495 部，美术片 109 部，科教片 786 部，新闻纪录片 2250 部。

这一时期，制定了比较适合中国国情的社会主义教育方针、政策、制度和各类教育的规章及管理办法。教育事业有很大发展。到 1965 年，全国小学达到 168.19 万所，在校学生为 11620.9 万人，学龄儿童入学率为 84.7%；中学达到 18102 所，在校学生为 933.79 万人；高等学校增加到 434 所，是 1957 年的 1.89 倍，在校学生达到 67.4 万人，比 1957 年增长 53%。职业教育也有很大发展。到 1965 年，全国有职业中学 7294 所，在校学生为 126.65 万人。10 年间，高等学校毕业生达到 139 万余人，是前 7 年的 4.9 倍。1949 年至 1965 年，派往苏联的留学生和进修教师为 9106 人。

为提高教学质量，加强各级各类学校的教材建设工作，1961 年 2 月，中共中央书记处发出《关于自编高等学校教材的指示》。随即，成立了由林枫、蒋南翔主持的高等学校和中等专业学校理工农医教材工作领导小组。到 1965 年年初，理工农医各科共修订和新编出版通用教材 3603 种。到同年年底，全国已编选出版文科教科书及参考教材 73 种共 187 本。

卫生事业有长足进步。一是各级医疗卫生设施普遍建立起来。到 1965 年，在全国建立起省（市、自治区）级、地区级和县级的卫生防疫站、妇幼保健站。全国综合医院和专科医院发展到 42711 所，少数民族地区的医院发展到 6275 所。大部分公社都已经建起卫生院，有的生产大队有保健站和半农半医人员。卫生技术人员平均每千人口 2.11 人。二是爱国卫生运动持续开展，全国城乡的卫生面貌大为改观。相继出现了先进的卫生乡村和城市。许多新中国成立前流行的传染病，如天花、霍乱、血吸虫病、黑热病、鼠疫等，已告灭绝或基本上消灭或得到控制。三是国家的公职人员、大学生和工矿企业职工都得以享受到公费医疗制度和医疗上的劳动保护制度。对于严重危害健康的流行性疾病的治疗，采取减、免费的办法。四是计划生育工作开始受到重视。1964 年，国务院成立计划生育委员会，各地也相继成立相应机构，其职责也明确为节制生育，降低人口出生率，使人口增长速度放慢。

体育事业发展迅速。1959年，国家举办了第一届全国运动会，有7人4次打破4项世界纪录，664人844次打破106项全国纪录。容国团在第25届世界乒乓球锦标赛上获得男子单打冠军，这是新中国体育史上的第一个世界冠军。1961年4月，第26届世界乒乓球锦标赛在北京举行，中国男队第一次登上团体世界冠军的宝座，庄则栋、丘钟惠分获男、女单打世界冠军。1965年举办第二届全国运动会，有24名选手10次打破9项世界纪录，331名运动员469次打破130项全国纪录。

群众体育方兴未艾。全国继续掀起"劳卫制"体育锻炼的热潮，先后有4200多万人达到劳动卫国制的标准。在毛泽东横渡长江的带动下，全国大力提倡游泳、射击、通讯、登山四项活动。体育科学研究粗具规模。体育场地设施状况大有改善。

1961年4月9日，中国男子乒乓球队荣获第26届世界乒乓球锦标赛男子团体冠军。男子团体赛5名选手自左至右：庄则栋、王传耀、容国团、李富荣、徐寅生。

四、民族事业在维护祖国统一中不断进步

平定西藏叛乱。西藏和平解放以后，西藏上层反动集团的破坏活动一直没有间断。1959 年 3 月 10 日，西藏上层反动分子在外国反华势力的支持下，公然撕毁 1951 年 5 月签订的《中央人民政府和西藏地方政府关于和平解放西藏办法的协议》，发动大规模的全面武装叛乱。

为了维护国家的统一和尊严，中共中央和中央军委被迫作出平息叛乱的决定，人民解放军于 3 月 20 日发起反击，平息拉萨市内的叛乱后，很快又控制了叛乱的大本营山南地区。到 1961 年年底，全部肃清了西藏境内的残余叛乱武装，平叛斗争取得了完全胜利。

西藏实行民主改革。1959 年 3 月 28 日，中央人民政府宣布解散西藏地方政府，由西藏自治区筹备委员会行使西藏地方政府职权，任命班禅额尔德尼·确吉坚赞代理自治区筹委会主任委员，领导西藏各族人民进行民主改革。①

民主改革前的西藏实行政教合一、僧侣贵族专政的封建农奴制度。占人口不到2%的官家（即封建政府）、寺庙、贵族等农奴主，拥有几乎全部的土地和农奴、奴隶，他们残酷地剥削农奴，可以随意对农奴施行鞭打、挖眼、抽筋、断肢等酷刑。占人口 90% 以上的农奴，没有土地所有权，人身依附于农奴主，被剥夺了起码的做人的权利。西藏的封建农奴制度在人类社会发展中是罕见的。

---

① 2009 年 1 月 19 日，西藏自治区九届人大二次会议投票决定，将每年的 3 月 28 日设为西藏百万农奴解放纪念日。

不进行民主改革，推翻封建农奴制度，西藏社会就不可能进步、发展和繁荣。

西藏的民主改革分两步走：第一步进行"三反"（即反对叛乱、反对乌拉①、反对奴役）、"两减"（即减租减息）；第二步进行土地分配。到 1961 年，西藏完成了民主改革，西藏百万翻身农奴同其他兄弟民族一样，走上了建设社会主义的道路，揭开了西藏发展史新的一页。

民族区域自治制度取得重要进展。据 1953 年第一次人口普查数据，壮族人口共有 650 多万，为少数民族最多人口。党和政府认为，建立省一级民族自治区同壮族在祖国大家庭中的地位是相称的。1958 年 3 月，广西壮族自治区在南宁成立。②

1958 年 6 月，国务院根据宁夏回族自治区的行政规划、人口、社会和经济状况，经过反复协商，确定划出甘肃省的银川专区（9 个市、县）、吴忠回族自治州（5 个市、县）、固原回族自治州（3 个县）和隆德县、泾源回族自治县等 19 个市、县，作为宁夏回族自治区的辖区。10 月，宁夏回族自治区成立。

1965 年 6 月 28 日，中共西藏工作委员会正式向中共中央报告，拟定成立西藏自治区。中央批复同意。9 月 9 日，西藏自治区第一届人民代表大会第一次会议通过决议，宣告西藏自治区正式成立。

至此连同已经成立的内蒙古自治区和新疆维吾尔自治区，全国共有五大民族自治区，标志着中国几个人口较多、聚居地区较

---

① 意为徭役、差役。

② 1958 年 3 月 5 日至 13 日，在南宁举行的广西壮族自治区第二届人民代表大会第一次会议，选举韦国清（壮族）为自治区人民委员会主席，并决定 3 月 15 日为广西壮族自治区成立纪念日。1978 年，广西壮族自治区成立纪念日改为 12 月 11 日。这一天也是百色起义和广西全境解放纪念日。

大的少数民族都已实现了区域自治，有中国特色的民族区域自治政策取得了重大进展。

五、国防和军队建设正规化推进

国防科技和武器装备现代化建设得到加强。国家根据未来战争需要，把研制原子弹、导弹列为武器装备发展的重点，同时加快常规武器国产化进程，初步建立起比较完整的国防工业体系。

1960 年 12 月，组建国防部第六研究院（研制军用飞机）、第七研究院（研制舰艇）、第十研究院（研制军事电子装备）。此外，总参谋部、总后勤部、各军兵种还组建和扩建了一批其他研究院（所），担负本部门、本军兵种常规武器的论证、研制等任务。

在陆军装备方面，遵照 1960 年中央军委扩大会议提出的主要是"提高火力、突击力、防护力和机动力"的要求，着手研制新一代武器装备。到 1963 年，一大批中国自行研制的步枪、火炮、坦克、装甲车等陆军武器装备相继定型并陆续装备部队。

在空军装备方面，苏联中断对华援助后，航空工业部门和科研机构采取仿制和自行设计相结合、参照样机改进改型、自行设计等多种途径，循序渐进地从仿制向自行研制过渡。到 20 世纪 60 年代中期，先后研制成功并陆续装备部队的有全天候歼 −5 甲型歼击机、超音速歼 −6 型飞机、轰 −5 型轰炸机及航空配套装备。设计定型的有超音速强 −5 型飞机、轰 −6 型飞机等。人民解放军空战能力进一步加强。

在海军装备方面，1958 年，中央军委作出《关于海军建设的决议》，强调以发展潜水艇为重点，相应地发展必要的水面舰艇，并注意采用新的技术成果，如导弹、核动力等。到1966年，先后完成了中型鱼雷潜艇、小型导弹快艇、大型常规动力导弹潜艇和大型导弹快艇的仿制，并对某些型号舰艇作了改进。同时，还自行设计完成了巡逻艇、高速护卫艇、反潜护卫艇、导弹快艇、港湾扫雷艇、小型登陆艇、火炮护卫舰的制造。

在战术导弹方面，1964年12月，仿制的"红旗1号"地空导弹设计定型，开始批量生产装备部队。1967年7月，改型设计的"红旗2号"设计定型。1964年试制成功"霹雳1号"空空导弹。

加强军队正规化建设。1958年7月，中央军委扩大会议通过了《关于改变组织体制的决议（草案）》。中央军委陆续将训练总监部、通信兵部、防化学兵部划归总参谋部；将总干部部、军事法院、军事检察院划归总政治部；将军械部改属总后勤部；撤销总参谋部警备部；撤销省兵役局，将其并入省军区司令部；将县、市兵役局改称为县、市人民武装部。

颁布和实施战斗条令和相关条例，为部队正规化建设提供依据。1961年5月，全军颁布《合成军队战斗条令概则》和《步兵战斗条令》，1963年5月又颁布《合成军队军师战斗条令》和《合成军队团营战斗条令》，作为全军各部队平时训练、战备工作和战时的组织指挥、作战行动的法规依据。有关总部和各军种、兵种编写了各自的战斗条令。1961年6月，国防部颁布《中国人民解放军连队管理教育工作条例》，为进一步加强连队管理教育工作提供了法规依据。

加强军队院校建设。高等军事学院、海军学院、空军学院、炮兵学院、装甲兵学院、通信兵学院、防化学兵学院、铁道兵学院等相继组建。为加强军事科学研究，1958年3月18日，军事科学院成立。1959 年 1 月，还召开了全军第一次军事科学研究工作会议。

加强部队的军事训练、战备训练，重点是搞好连以下基础训练，战士的技术训练，以打得准、开得动为目的。1964 年 1 月，解放军总参谋部召开推广郭兴福式教学方法的现场会议。南京军区优秀教练员郭兴福在几年的训练中形成的教学方法，具有善于抓思想工作，充分调动战士练兵积极性，发扬教学民主，把练技术、战术、思想、作风紧密结合，既严格要求又循循善诱等特点。在推广郭兴福教学方法中，掀起全军群众性练兵热潮。

为了进一步促进部队的军事训练，中央军委决定在全军举行一次全面的"比武"活动。1965 年 6 月至 8 月间，全军分为 18 个区举行了"比武"大会。参加"比武"表演的共 1.37 万余人，参观的干部近 10 万人。"比武"期间，毛泽东、刘少奇、董必武、朱德、周恩来、邓小平等党和国家领导人，分别于 6 月 15 日、16 日检阅了北京、济南部队的军事训练汇报表演。

加强军队政治思想建设。1958 年，人民解放军根据总政治部关于《在连队中开展"五好"运动的指示》，掀起创造"四好连队、五好战士"① 的活动。这期间，全军还进行社会主义教育和革命传统教育。人民解放军先后开展向雷锋和南京路上好八连学习活动，宣传和表彰了欧阳海、王杰、谢臣、麦贤得和武汉军区"硬骨头六连"、广州军区"南海前哨钢八连"、沈阳军区"学习毛主席著作模范红九连"、"神枪手四连"等一大批先进个人和集体，以榜样的力量激发全军的革命精神。

---

① 四好连队，即政治思想好、三八作风好、军事训练好、生活管理好；五好战士，即政治思想好、军事技术好、三八作风好、完成任务好、锻炼身体好。后来由于林彪片面地强调政治工作，用"一好"（政治思想好）代替其他"三好"，使这一运动出现了偏差。到 1971 年 9 月，这一运动即告终止。

1965 年 6 月至 8 月间，全军分为 18 个区举行了"比武"大会。图为毛泽东在罗瑞卿陪同下察看战士们在比武中使用的半自动步枪。

　　1958 年 5 月，中共中央发出关于各级领导人员参加体力劳动的指示。根据这一指示精神，解放军总政治部作出干部下连队当兵的规定，要求全军各级干部除年老、体弱、有病者外，每人每年至少要用一个月时间下连队当兵。下连队当兵的干部应当编入班、排，归班、排长领导，坚持与广大战士同吃、同住、同劳动、同操作、同娱乐。干部下连队当兵，既密切了干部和战士的关系，又使广大干部更加了解基层的情况，更好地指导基层的工作。后来，下连当兵的活动逐步发展成为干部下连蹲点、机关干部下连当兵代职等制度。

1965年5月，根据毛泽东的提议，三届全国人大常委会第九次会议决定取消中国人民解放军军衔制度，陆、海、空军、公安部队一律佩戴红五角星帽徽和红领章。

进入全面建设社会主义时期以后，国家安全面临着各种威胁，中国人民解放军在保卫国防、积极参加祖国建设中发挥作用。一是粉碎国民党军的窜扰。从1962年10月至1965年1月，东南沿海地区的人民解放军、公安部队和民兵密切配合，共歼灭国民党武装特务594人，击沉和缴获各种船艇24艘。1965年，人民解放军海军南海舰队和东海舰队分别取得广东"八六"海战和福建"崇武以东"海战的胜利，击沉3舰，击伤1舰。1959年10月7日，人民解放军地空导弹部队在北京通

1962年9月9日，人民解放军击落国民党空军4架美制U-2型高空战略侦察机，1965年8月20日起在中国人民革命军事博物馆展出其残骸。

县上空击落国民党飞机，开创了中国和世界防空史上第一次使用地空导弹击落飞机的先例。1962 年 9 月 9 日，人民解放军地空导弹某部在江西南昌附近成功击落国民党空军 U-2 型高空战略侦察机。从 1959 年至 1967 年年底，人民解放军空军和防空部队共击落国民党飞机 14 架，击伤 2 架，成功地保卫了沿海和内地的空中安全。

二是打击美国入侵飞机。人民解放军对入侵的美机实行"坚决打击"的方针，绝不手软。从 1964 年 8 月至 1968 年 11 月，美军作战飞机入侵中国领空共 155 批，383 架次，被中国人民解放军击落 32 架，击伤 4 架。美军还使用高空无人侦察机进行侦察活动。从 1964 年 8 月至 1971 年 12 月，共击落美军无人高空侦察机 20 架。

三是踊跃参加抢险救灾斗争。1963 年 8 月，河北连降暴雨，险情严重，直接危及天津市和京广、津浦铁路安全。人民解放军出动官兵 11.5 万余人，飞机 69 架，船只 766 艘等抗洪抢险，保住了天津市和津浦路北段。在这场斗争中，有 31 位官兵献出了宝贵的生命，被国防部命名为"爱民模范"的谢臣就是他们中的杰出代表。

四是积极参加和支援国家经济建设。1957 年 10 月，人民解放军在号称"万山之祖"和"世界屋脊"地区参加修筑的新藏公路胜利通车。1958 年 12 月，兰州军区出动一个工兵团参加修筑西藏高原上第一个飞机场。铁道兵部队从 1954 年起，每年出动 20 余万人参加重点铁路工程建设，到 1966 年，先后修建了黎（塘）湛（江）、鹰（潭）厦（门）、成（都）昆（明）等重要铁路干线和大兴安岭林区铁路。解放军还以多种形式支援农业建设。

六、坚持独立自主的和平外交

从 20 世纪 50 年代中期到 60 年代中期，中国在和平共处五项原则的指导下，坚持独立自主的外交政策，积极发展同广大亚非拉国家的友好合作关系；坚持爱国主义和国际主义，反对美国帝国主义的侵略威胁和苏联霸权主义。

美国对新中国一直抱公开敌视的态度。1955 年 3 月美蒋签订了"共同防御条约"，美国大力加强武装台湾的国民党军队。为了打击国民党军队对大陆骚扰和破坏活动的前沿阵地，1958 年 8 月中国人民解放军开始炮击金门。不到一小时就打了近 2 万发炮弹，金门完全被炮火封锁，断绝了金门与台湾的海上通道。美国急忙大量增兵台湾海峡，派军舰为国民党舰队护航。随后，为挫败美国搞"两个中国"的图谋，中国政府决定让金门、马祖暂时留在台湾当局手中。1958 年 10 月 6 日，发表《告台湾同胞书》，正式建议举行谈判，和平解决内战。《告台湾同胞书》的发表，是炮击金门政策的重大转折，即以军事斗争为主转入以政治斗争（包括外交、宣传斗争）为主。10 月 25 日，发表《再告台湾同胞书》，再次提出举行国共两党和谈以解决中国内部争端的建议，还宣布对金门单日打双日不打的警告性炮击。这种警告性炮击一直持续到 1978 年 12 月 31 日。炮击金门集政治、军事和外交斗争于一体，对于实现国家统一具有深远的意义。

反对美国侵略越南是中美斗争的另一条战线。1961 年，美国派遣"特种部队"进入南越。1962 年 2 月，"美国驻越南军

　　1958 年 8 月，为了打击国民党军队对大陆骚扰和破坏活动的前沿阵地，中国人民解放军开始炮击金门。

事援助司令部"宣告成立，公开进入对越南人民的战争状态。1964 年 8 月，美国制造所谓"北部湾事件"，轰炸越南北方。在最困难的时候，中国政府应越南民主共和国的请求，先后派出地空导弹、高炮、工程、铁道、扫雷、后勤等部队，在越南北方担负防空作战、沿海扫雷以及维护铁路、公路、机场、通讯设备和国防工程建设等繁重的任务。1965 年 2 月 7 日起，美国对越南北方进行"报复轰炸"，并将轰炸线不断向北推移。3 月起，美军在南越登陆，美国地面部队开始直接参战。中国政府决定开展援越抗美斗争。从 1965 年 6 月 9 日中国人民解放军第一批入越支援部队踏上越南国土，先后入越的有 23 个支队 32 万余人，在越南北方执行防空作战，修建和抢修铁路、公路、机场、通信工程、设防工程等任务，共牺牲 1442 人，受伤 4000 多人。

在整个越南抗美战争期间，中国对越南总援助加上中国援越部队开支，总额超过 200 亿美元①。

中苏两党、两国曾经保持亲密友好关系，苏联在中国大规模工业化建设中给予过重要的援助。1958 年，苏联提出要在中国领土和领海上建立中苏共管的长波电台和共同舰队，这种损害中国主权的要求当即遭到毛泽东和中国领导人的严词拒绝。随后，在对美战略上、中印边境冲突等问题上，苏联领导人一再指责中国，偏袒对方。1959 年 6 月，苏联为了与美国等西方国家谈判关于禁止试验核武器协议，中断向中国提供原子弹样品及其生产技术资料。

20 世纪 60 年代以后，中苏两党、两国关系急剧恶化。双方围绕意识形态方面的重大原则问题展开争论，一直发展到 1963 年 7 月至 1964 年 9 月的中苏大论战。在这期间，1960 年 7 月，苏联政府突然单方面决定撤回全部在华的苏联专家，撕毁了两国政府签订的协定，废除了 257 个科学技术合作项目，停止供应中国建设所需的重要设备，大量减少关键部件的供应。

1964 年 10 月，赫鲁晓夫被解除苏联党和国家的最高领导职务后，中国方面派出以周恩来为团长的中国党政代表团赴苏联参加十月革命庆祝活动，希望通过两国领导人的直接接触，寻求消除分歧、维护团结的新途径。这次出访，没有得到以勃列日涅夫为首的苏联新领导人的积极响应。1964 年以后，苏联以边界问题为借口，不断对中国进行武装挑衅，制造流血事件，中苏边界局势进一步恶化，并最终导致两党关系中断。

在美国敌视遏制中国、苏联孤立中国的情况下，中国政府加

---

① 王泰平主编：《中华人民共和国外交史》第 3 卷，世界知识出版社 1999 年版，第 52 页。

1964 年 10 月，以周恩来为团长的中国党政代表团赴苏联参加十月革命庆祝活动。图为 1964 年 11 月，毛泽东、刘少奇、朱德等到机场迎接周恩来参加苏联十月革命庆祝活动归来。

强并进一步发展了同广大"中间地带"国家特别是亚非拉国家的友谊。

　　同周边国家建立和发展睦邻友好关系是新中国外交的既定方针。中国政府在援越抗美的同时，坚决支持老挝人民、柬埔寨人民的反美斗争。中国政府主张邻国之间对历史遗留的边界问题，坚持和平共处五项原则，通过和平谈判，求得友好解决，而不应诉诸武力。从 1960 年 1 月到 1963 年 11 月，先后同缅甸、尼泊尔、蒙古、巴基斯坦和阿富汗五国签订协定或条约，妥善地解决了边界问题。

中印有着传统友谊，也有着边界争端。中国政府一贯主张通过和平谈判解决历史遗留问题，但是印度政府一再向中国提出领土要求，印度武装人员不断深入中国领土并向中国边防部队挑衅。1962 年春季以后，印军大力推行"前进政策"，实施全面入侵，挑起了中印边境的大规模武装冲突。中国政府为了维护国家领土主权和民族尊严，中共中央军委下令人民解放军从 1962 年 10 月 20 日开始，实行自卫反击作战，清除了印军在中国境内安设的侵略据点，收复了被印军占领的中国领土。11 月 21 日，中国政府宣布中国边防部队在中印边界全线停火，并自 12 月 1 日起，将中国边防部队从 1959 年 11 月 7 日双方实际控制线单方面后撤 20 公里。还主动交还了全部印军战俘和大量的印军武器、弹药和军用装备。这些行动表明中国力求控制并平息边界冲突，以两国人民的友好大局为重。此后，中印边界局势大体保持稳定。

中国积极发展同亚非拉国家友好关系，支持阿拉伯和非洲人民反帝反殖民的斗争。国家主席刘少奇访问印度尼西亚、缅甸、柬埔寨和越南，国务院总理周恩来访问亚非 13 国，在这 10 年间，特别是 1960 年前后，中国迎来了第二次建交高潮。新建交的国家大部分是阿拉伯国家和非洲国家。

在中日两国官方关系一时难有进展的情况下，中国积极开展民间友好往来，"民间先行，以民促官"，为两国关系正常化创造条件。由于中国采取灵活政策，中日民间交往已进入半官半民阶段。中日间的贸易冲破了美国对中国的封锁、禁运政策，从

1963 年 10 月 23 日，周恩来总理在北京会见法国参议员、前总理埃加·富尔和夫人商谈两国建交问题。

1952 年每年进出口额 300 万英镑发展到 1963 年至 1967 年间每年进出口额 7200 万英镑。

　　在中国同西方国家的关系上，第一个取得重大突破的是中法关系。1964 年 1 月 27 日，中法两国政府发表联合公报，宣布建立外交关系。

第三章
"文化大革命"的十年

1966 年 5 月至 1976 年 10 月,在中国发生了长达 10 年之久的"文化大革命",使党、国家和人民遭到新中国成立以来最严重的挫折和损失。

这场"文化大革命"是毛泽东发动和领导的。他的主观愿望是为抵御帝国主义"和平演变",防止党和国家改变性质。然而,"文化大革命"的历史已经证明,毛泽东发动"文化大革命"的主要论点既不符合马克思列宁主义,也不符合中国实际,并且在一系列重大理论和政策问题上混淆了是非，从而错估了当时我国阶级斗争形势以及党和国家政治状况，严重地混淆了敌我矛盾和人民内部矛盾。历史已经判明，"文化大革命"根本不是任何意义上的革命或社会进步，而是一场由领导者错误发动，被反革命集团利用，给党、国家和各族人民带来严重灾难的内乱。

在"文化大革命"中，党和国家尽管遭到林彪、江青两个反革命集团的破坏，但终于依靠自己的力量战胜了他们。党、国家政权、人民军队和整个社会的性质都没有改变。历史再一次表明，中国人民是伟大的人民，中国共产党和社会主义制度具有伟大而顽强的生命力。

第一节 "文化大革命"的发动与抵制错误的斗争

一、"文化大革命"的起因与导火索

"文化大革命"的发生，有着复杂深刻的国际国内背景。

如何防止党和国家改变性质，如何抵御西方国家的"和平演变"，这是毛泽东一直在思考的重大问题。然而，他的思考逐渐偏离经济建设这个中心，沿着阶级斗争扩大化的思路发展。20 世纪 60 年代初，苏联领导人挑起中苏论战，又把两党之间的原则争论变为国家争端，对中国施加政治上、经济上和军事上的巨大压力。在这种情况的影响下，毛泽东认为苏联出了修正主义，并在国内进行了反修防修运动，使阶级斗争扩大化的迷误日益深入到党内，以致党内同志间不同意见的正常争论也被当作是所谓修正主义路线的表现或所谓路线斗争的表现。这样，"左"倾指导思想逐渐取得支配地位。在毛泽东看来，过去已经开展过的"四清"运动等都不能解决问题，只有采取一种新的形式，公开地、全面地、由下而上地发动广大群众，才能揭露党和国家生活中的阴暗面，防止资本主义复辟。这种形式就是"文化大革命"。

从 1963 年起，根据毛泽东对文艺工作的两个批示，在意识形态领域对一些文艺作品、学术观点和文艺界学术界的一些代表人物进行了政治批判。这些政治批判，愈演愈烈，逐渐扩大到其他领域，最终导致了"文化大革命"的发生。

1965 年 11 月 10 日，经江青、张春桥等背着中央的长期秘密策划，由姚文元执笔署名的长篇文章《评新编历史剧〈海瑞罢官〉》在上海《文汇报》发表。文章毫无根据地把明史专家、北京市副市长吴晗所著《海瑞罢官》一剧中描述明朝历史上海瑞所进行的"退田"、"平冤狱"等情节，同中共八届十中全会批判的"单干风"、"翻案风"联系起来。这一事件成为"文化大革命"的导火索。由于文章写作活动是在背着除毛泽东之外的所有政治局常委和绝大多数政治局委员的秘密状态下进行的，违背了中央关于点名批判要经过批准的规定，《人民日报》和全国主要报刊在10 多天内没有转载。毛泽东又错误地认为，主管宣传工作的中共中央政治局委员、北京市委第一书记彭真是吴晗的后台，北京市委是"针插不进，水泼不进"的独立王国。1965 年 12 月 21 日，毛泽东在杭州同陈伯达等人谈话中说，姚文元的文章没有打中要害，要害问题是罢官。嘉靖皇帝罢了海瑞的官，我们罢了彭德怀的官，彭德怀也是"海瑞"。这就把问题的性质升级到为彭德怀等"翻案"的高度。

1966 年 2 月，林彪委托江青召开部队文艺工作座谈会。会后形成《林彪同志委托江青同志召开的部队文艺工作座谈会纪要》（以下简称《纪要》），经毛泽东批准下发全党。《纪要》认定文艺界"被一条与毛主席思想相对立的反党反社会主义的黑线专了我们的政"。

随后，彭真和解放军总参谋长罗瑞卿、中共中央宣传部部长陆定一、中共中央办公厅主任杨尚昆等，先后被隔离审查或调离工作。

二、"文化大革命"的全面发动

1966年5月4日至26日，中共中央政治局在北京召开扩大会议。会议的主要内容是揭发批判彭真、罗瑞卿、陆定一、杨尚昆的"反党错误"，讨论通过《中国共产党中央委员会通知》（通称"五一六通知"）。会议把彭真、陆定一、罗瑞卿、杨尚昆强行定性为"反党集团"，还决定成立陈伯达任组长，康生任顾问，江青、张春桥等任副组长的中央文化革命小组（简称"中央文革小组"）。这个小组在江青等人控制下，一度取代了中央政治局

1966年5月16日，中共中央政治局扩大会议通过了《中国共产党中央委员会通知》即"五一六通知"。8月，中共八届十一中全会又通过了《关于无产阶级文化大革命的决定》，标志着"文化大革命"的全面发动。图为中共八届十一中全会会场。

和中央书记处，成为"文化大革命"的实际指挥部。1966年5月召开的中共中央政治局扩大会议是"文化大革命"正式发动的标志，"五一六通知"成为发动"文化大革命"的纲领性文件。

1966年5月25日，在康生策划下，北京大学内贴出一张针对中共北京市委和北大党委的大字报。6月1日，这张大字报公开广播后，在全国引起极大震动。各地学校纷纷揪斗"黑帮"，"文化大革命"迅速推向社会。为了控制局势，刘少奇、邓小平等代表中共中央决定，派工作组到大中学校和文化单位领导运动。各地工作组得到多数群众的支持，却与少数人发生了对立，被毛泽东指责为"压制群众"、"阻碍运动"。随后工作组被撤销，各地大中学校和文化单位顿时陷入混乱。

1966年8月，中共八届十一中全会召开。会上印发了毛泽东写的《炮打司令部——我的一张大字报》，指责从中央到地方的某些领导同志，"站在反动的资产阶级立场上，实行资产阶级专政，将无产阶级轰轰烈烈的文化大革命运动打下去"。此后，全会转为对刘少奇、邓小平等主持中央日常工作的领导人的"揭发批判"。全会通过了《中国共产党中央委员会关于无产阶级文化大革命的决定》（即"十六条"），对"文化大革命"的目的、重点、依靠力量、方法等作出了规定。规定运动的方式是"让群众在运动中自己教育自己"、"自己解放自己"；任务是"斗、批、改"[1]。全会产生新的中央政治局常委名单中，林彪名列第二位，刘少奇则由第二位降到第八位。

在这种背景下，北京一些中学生率先成立了红卫兵组织，并

---

[1]　即"斗垮走资本主义道路的当权派，批判资产阶级的反动学术'权威'，批判资产阶级和一切剥削阶级的意识形态，改革教育，改革文艺，改革一切不适应社会主义经济基础的上层建筑"。

迅速扩展到全国。从 8 月 18 日至 11 月 26 日，毛泽东在北京先后 8 次接见了来自全国的红卫兵和大中学校师生，总共 1100 多万人次。红卫兵运动开始席卷全国，进行了破"四旧"[①]和大串联运动，出现了抄家、打人、砸物、冲击当地党政领导机关的严重破坏法制行为。大量优秀的文化遗产、文物古迹遭到破坏，许多知识分子、民主人士和干部遭到批斗。8 月下旬，各民主党派机关、全国政协机关也先后停止办公。

10 月初，在林彪和中央文革小组的鼓动支持下，全国掀起了"批判资产阶级反动路线"的高潮。随后，动乱扩大到工农业生产领域，成立了形形色色的群众造反组织，"踢开党委闹革命"。许多领导干部受到批斗，中共基层党组织和国家各级政权处于瘫痪、半瘫痪状态，经济建设受到严重冲击，打断了国家权力机构的正常工作。第三届全国人大常委会从 6 月召开最后一次会议后，一直到 1974 年年底没有再举行会议。

三、上海"一月夺权"与全国陷入内乱

1967 年 1 月，在张春桥、姚文元策划下，上海掀起了夺取上海市党政领导权力的"一月夺权"运动，得到毛泽东的肯定。从此，夺权运动迅速扩展到全国。各地普遍形成对立的几大派群众组织，互相攻击，争权夺利，甚至酿成大规模武斗，出现了"全面内战"的动乱局势。

全国性夺权斗争，引发愈演愈烈的"打倒一切"、"全面夺权"，

---

① 即所谓旧思想、旧文化、旧风俗、旧习惯。

使国家的政治、经济、文化方面都受到了严重破坏，更给了党内一些野心家、阴谋家以可乘之机。

毛泽东起初曾经设想"文化大革命"进行三个月至半年就收尾，面对全国严重失控的局面，他开始意识到必须采取措施来防止事态进一步加剧。

1967年1月，毛泽东指示人民解放军介入运动，执行"三支两军"（支左、支农、支工、军管、军训）任务。1月23日，中共中央、国务院、中央军委、中央文革小组发布《关于人民解放军坚决支持革命左派群众的决定》，3月19日，中央军委发出《关于集中力量执行支左、支农、支工、军管、军训任务的决定》。据此，大批解放军指战员投入"三支两军"，直接介入地方"文化大革命"的夺权斗争，并且承担起支援地方工农业生产的任务。夏季，毛泽东在视察华北、中南、华东地区时的谈话里提出，"在工人阶级内部，没有根本的利害冲突。在无产阶级专政下的工人阶级内部，更没有理由一定要分裂成为势不两立的两大派组织"，"只要两派都是革命的群众组织，就要在革命的原则下实现革命的大联合"。他还表示，"要解放一批干部，让干部站出来。""正确地对待干部，是实行革命三结合，巩固革命大联合，搞好本单位斗、批、改的关键问题，一定要解决好。"讲话中，毛泽东纠正了一些"左"的口号，批准了一些纠"左"措施。

1967年9月，中共中央、国务院等联名发布了"关于不准抢夺人民解放军武器、装备和各种军用物资"、"关于严禁抢夺国家物资商品、冲击仓库、确保国家财产"以及开展拥军爱民的一系列命令和通知。毛泽东还批准采取断然措施，先后对中央文革小组成员王力、关锋、戚本禹实行隔离审查。这些举措，对于制止全面武斗和打砸抢现象起到了一定作用。

1968 年夏，北京等地的一些大专院校里，学生组织中的派性争斗愈来愈激烈，酿成流血冲突。1968 年 7 月，根据毛泽东的指示，北京组织"毛泽东思想宣传队"进驻清华大学，拆除工事，制止武斗。8 月 25 日，中央发出《关于派工人宣传队进学校的通知》。其后，大批工人、解放军宣传队进驻北京各大专院校，控制了局面，社会秩序、生产秩序开始逐渐恢复。

1968 年 10 月召开的中共八届十二中全会，在极不正常的情况下，通过了中央专案组利用伪证写成的所谓审查报告，作出把刘少奇"永远开除出党，撤销其党内外一切职务"的决议。1969 年 10 月，刘少奇在河南开封含冤去世。这一时期江青、康生等人还制造了"六十一人叛徒集团案"等冤案，遭到打击迫害而去世的党和国家领导人还有彭德怀、贺龙、陶铸等。

1969 年 4 月，中国共产党第九次全国代表大会在北京召开。毛泽东提出的要总结经验、落实政策、准备打仗，成为中共九大的指导思想。中共九大共有三项议程：通过中央政治报告，修改党章，选举中央委员会。林彪代表中共中央作政治报告。报告共分 8 个部分，在回顾"文化大革命"的准备、过程和取得的"伟大胜利"基础上，全面肯定了"文化大革命"的理论、方针和政策。认为这次"文化大革命"是社会主义社会中的两个阶级、两条道路、两条路线长期尖锐斗争的必然结果，是"公开地、全面地、由下而上地发动广大群众来揭发我们的黑暗面"的形式。政治报告将毛泽东在中共八届十中全会上提出的"社会主义社会是一个相当长的历史阶段。在社会主义这个历史阶段中，还存在着阶级、阶级矛盾和阶级斗争，存在着资本主义复辟的危险性"的观点，与毛泽东晚年关于阶级斗争的"左"倾错误观点系统地联系起来，确定为"无产阶级专政下继续革命的理论"。中共九大使"文化大革命"的错误理论和实践合法化，通过的党章写进了林彪作为毛泽东的接班人的内容，加强了林彪、江青、康生等人在党中央的地位，在思想上、政治上和组织上的指导方针都是错误的。

中共九大以后，各个领域、各个地区、各个单位普遍进行了"斗、批、改"运动。大批干部被下放到位于各地农村的"五七干校"参加劳动。在此前后，还掀起了知识青年上山下乡高潮。这表明，虽然初步结束了造反夺权的失控状态，但极左思潮和极左政策还在继续。

四、党和人民对极左错误的抗争

从"文化大革命"一开始，党的各级组织、广大干部和人民群众就同极左思潮进行了各种形式的抗争。正是由于全党和广大工人、农民、解放军指战员、知识分子、知识青年和干部的共同斗争，使"文化大革命"的破坏受到了一定程度的限制。

面对夺权斗争造成的混乱局面，谭震林、陈毅、李先念、李富春、叶剑英、徐向前、聂荣臻等一批国务院副总理和中央军委副主席，在国家面临危难之际，挺身而出，同江青一伙进行抗争。1967年2月11日、16日怀仁堂中央碰头会上，叶剑英严词斥责了陈伯达、康生、张春桥等人把党、政府、工厂、农村搞乱了的行径。徐向前激愤地说："军队是无产阶级专政的支柱。这样把军队乱下去，还要不要支柱啦？"谭震林尖锐地指出："你们的目的，就是要整掉老干部，把老干部一个一个打光。"陈毅说："不要走，要跟他们斗争！"李先念指出："把老干部统统打倒

1967年2月，谭震林、陈毅、叶剑英、李先念、李富春、徐向前、聂荣臻等在中南海怀仁堂的两次碰头会上对"文化大革命"的错误做法提出了强烈的批评，同陈伯达、康生、张春桥、谢富治一伙进行了面对面的斗争，被诬为"二月逆流"。图为怀仁堂外景。

的做法，是从江青一伙操纵《红旗》杂志发表1966年第13期社论开始的。"周恩来当即质问康生："这么大的事，为什么你不叫我们看？"陈伯达、张春桥等无言以对，狼狈不堪。

这场后来被林彪、江青等人诬蔑为"二月逆流"的抗争，虽然遭到了压制和打击，但表现出的凛然正气，鼓舞着人民进行抵制、纠正"文化大革命"错误的斗争。

许多群众以散发传单、上书的形式，表达了对"文化大革命"的不满和希望制止动乱的心声。如河南开封开关厂一位工人，给中央、毛泽东、周恩来写信，列举了"文化大革命"以来"社会秩序混乱"、"干部政策不落实"、"文化教育停滞不前"、"国民经济处于停滞和瘫痪状态"的种种现象，呼吁中央采取有力措施纠正"左"的错误。

袁隆平在观察杂交水稻生长情况。

更多的人以他们对祖国始终不渝的热爱，在逆境中继续坚守工作岗位。彭德怀身陷囹圄、屡遭批斗，仍然提笔给周恩来写信，建议对以前看到的四川安顺场石棉矿渣加工利用，制成钙镁磷肥。归国华侨、著名飞机设计专家陆孝彭被诬蔑为"反革命"、"特务"，遭到多次审讯和批斗，但他想到的仍是国家交给的试制强－5喷气式飞机工作没有完成。他在勒令交代"罪行"的纸上，继续论证着有关技术问题。杂交水稻专家袁隆平在试验室里的稻种几次被人捣毁的情况下，仍然冒着危险进行籼型水稻杂交的育种工作。

第二节　在同林彪、江青集团的斗争中筹备四届全国人大

一、各级革命委员会的普遍建立

1967 年 1 月上海夺权以后，临时权力机构叫什么名称，曾经有过反复。直到这年 2 月，毛泽东明确表示，还是叫革命委员会好。从此，革命委员会成为经过夺权斗争建立起来的各级临时权力机构的通称。革命委员会实行革命干部代表、军队代表、革命群众代表"三结合"，实行党的"一元化"高度集中领导。

1968 年 9 月 5 日，西藏自治区和新疆维吾尔自治区同时宣布成立革命委员会。至此，全国 29 个省、直辖市、自治区（除台湾省外）都先后成立了革命委员会。1970 年，中央又批准成立国家各部、委革命委员会。革命委员会取代了地方人民代表大会、人民政府的职能，一些造反夺权分子进入了革命委员会领导层，继续制造派性斗争，使得内部难以有效工作。但是，革命委员会的成立，在一定程度上控制了全面内乱的混乱局面，逐步结束了"文化大革命"前期的无政府状态，使国家的各项工作有可能逐

步恢复和发展。

二、粉碎林彪反革命集团阴谋的斗争

中共九大以后，毛泽东准备结束作为国家最高权力机关的全国人民代表大会和地方各级人民代表大会停止工作的不正常状态。1970 年 3 月 7 日，毛泽东第一次提出了筹备召开四届全国人大和修改宪法的建议，并提议不再设国家主席。

1970 年 8 月 23 日，中共九届二中全会在江西省庐山召开（又称"庐山会议"）。会议的议程是讨论修改宪法草案，讨论国民经济计划，讨论战备问题。在会议前一天举行的中共中央政治局常委会上，毛泽东又一次明确表示：反正我不做这个主席。还告诫说：要把这次会议开成一个团结的会、胜利的会，而不要开分裂的、失败的会。

在 8 月 23 日全会开幕会上，林彪在讲话中有意地把宪法修改草案中关于毛泽东是"无产阶级专政元首"的提法说成是"国家元首"，影射攻击主张不设国家主席的人。

8 月 24 日下午，全会进行分组讨论。林彪集团成员陈伯达、黄永胜、吴法宪、叶群、李作鹏、邱会作等按照事先统一的口径，在各小组讨论会上一起发难。坚持设国家主席的呼声越来越高，从而造成了全会被林彪等人操纵而改变原定议程的严重局面。毛泽东觉察到林彪集团的阴谋，于 8 月 31 日写出《我的一点意见》，在全会印发。全会转入对陈伯达的集中批判。9 月 6 日，全会基本通过宪法修改草案，通过在适当时候召开四届全国人大的建议等。

以《我的一点意见》为标志，揭开了毛泽东领导全党同林彪反革命集团阴谋作斗争的序幕。在中共九届二中全会后开始的"批陈整风"中，周恩来逐步接管了原先掌握在林彪集团成员手中的一部分重要权力。

毛泽东直接领导了"批陈整风"，对陈伯达进行揭发批判，对林彪集团主要成员黄永胜、吴法宪、叶群、李作鹏、邱会作进行批评。林彪集团对这些批评和挽救置若罔闻，反而铤而走险，开始策划"抢班夺权"的武装政变活动。

1971年8月15日，毛泽东乘专列离开北京。先后到达武昌、长沙、南昌，沿途召见军队和地方负责人，同他们谈话打招呼。毛泽东在谈话中反复强调："希望你们要搞马克思主义，不要搞修正主义；要团结，不要分裂；要光明正大，不要搞阴谋诡计。"

林彪等人得知毛泽东的部分谈话内容后，十分惊恐。9月7日，林立果下令"联合舰队"进入"一级战备"。8日晚，林立果同周宇驰布置攻打中央领导人驻地钓鱼台，还和江腾蛟商议谋害毛泽东的具体办法。林立果向他们出示了9月8日林彪写的手令："盼照立果、宇驰同志传达的命令办。"宣布：现在形势很紧张，所以要搞"571"（"武装起义"的谐音），首长（指林彪）委托我来办这件事。

9月上旬，毛泽东在杭州觉察到一些异常情况。9月10日，毛泽东突然改变原定9月下旬才离开杭州的计划，下令立即离开。一路北上，基本上没有停留。9月12日下午1时，毛泽东到达北京丰台车站，召见北京的军队和地方负责人作了一些军事部署。

毛泽东的突然行动，打乱了林立果等人的部署。当时，林彪、叶群在北戴河。9月12日，林立果乘坐私调的256号"三叉戟"专机飞往北戴河。当夜23时40分左右，林彪、叶群、林立果、刘沛丰等人不顾警卫部队的阻拦，乘坐红旗轿车从北戴河逃往山海关机场，在黑暗中强行起飞。9月13日凌晨2时30分，这架飞机在蒙古温都尔汗沙漠附近迫降时，机身擦地引起爆炸、烧毁，林彪等人全部死亡。这就是震惊中外的"九一三"事件。林彪事件的发生，客观上宣告了"文化大革命"的理论和实践的失败。

三、为"二月逆流"平反和对极左思潮的批判

林彪集团的政变阴谋活动激起了全国人民的极大义愤，纷纷以各种方式谴责和批判林彪集团的罪行及其煽动的极左思潮。毛泽东也进行了反思，多次公开承认并纠正了自己的一些错误，作出自我批评，并支持周恩来主持中央日常工作，使各方面的工作有了转机。

1972年1月6日，陈毅逝世。1月10日，毛泽东临时改变原定的追悼会规格，冒着严寒亲自出席陈毅追悼会。他对陈毅夫人张茜动情地说："陈毅同志是一个好人，是一个好同志。""他为中国革命和世界革命是作出贡献、是立了大功劳的。"还说："要是林彪的阴谋搞成了，是要把我们这些老人都搞掉的。"

同年8月14日，毛泽东对邓小平揭发批判林彪的来信作出批示，指出邓小平"在中央苏区是挨整的"，"是所谓毛派的头子"。"他没历史问题。即没有投降过敌人"。"他协助刘伯承同志打仗是得力的，有战功"。"率领代表团到莫斯科谈判，他没有屈服于苏修。这些事我过去讲过多次，现在再说一遍"。在毛泽东的支持下，1973年3月10日，中共中央作出决定，恢复邓小平党的组织生活和国务院副总理职务。

1972年1月6日，陈毅逝世。1月10日，毛泽东临时改变原定的追悼会规格，冒着严寒亲自出席陈毅追悼会。图为毛泽东慰问陈毅夫人张茜。

从1972年起，毛泽东先后在一批受到诬陷和打击的老同志及家属的来信上作出批示，指示对陈云、谭震林、李维汉、罗瑞卿、谭政、杨成武、李一氓、苏振华、林枫、叶飞、廖汉生、吴冷西等人或解放恢复工作，或予以释放，或按照人民内部矛盾性质酌情作出安排。根据毛泽东的一再催促，1973年9月29日，中共中央发出为贺龙恢复名誉的通知。毛泽东在有关来信的批示中作自我批评说："当时听了林彪一面之词"；"有些证据不足，办案人员似有一些逼供信"。他还批准了陈云、王稼祥要求进行经济和外事调研工作的来信。通过落实干部政策，一大批被打倒的党政军领导干部重新走上重要领导岗位，从一个重要方面为最终结束"文化大革命"准备了条件。

1971年林彪事件以后，在毛泽东的支持下，周恩来主持中央日常工作，进行了批判极左思潮、调整被"文化大革命"造成严重比例失调的国民经济等工作。首先，恢复制定经济管理规章制度，加强国家的宏观控制。1972年全国计划会议纪要制定出一系列重要措施。包括：加强国家计划，整顿企业管理，落实各项政策，反对无政府主义等。其次，压缩了"四五"计划的工业高指标，适当放慢大三线建设的进度。再次，调整国民经济各部门投资比例。压缩、调整军事工业规模。此外，从西方大规模引进成套设备的工作也取得突破性进展。1973年年初，国务院批准国家计委关于在今后三五年内引进43亿美元成套设备的报告，随后又追加到51.4亿美元。这成为继156项重点工程之后又一次大规模引进高潮。

1972年7月，周恩来根据美籍华裔科学家杨振宁的建议，指示要加强基础科学研究，提高基础理论水平。物理学家周培源随后发表《对综合大学理科教育革命的一些看法》。8月，全国科学技术工作会议召开。同年12月18日，全国政协机关成立临时领导小组，恢复了停止活动达6年之久的全国政协机关日常工作。周恩来还对当时的人民日报社和新华社提出批评，指出：人民日报社、新华社极左思潮没有批透。极左的不批透，还会犯错误。这些对初步改变极左思潮一统天下的局面，产生了积极作用。

经过两年的调整，国民经济各个领域都出现了好转。1973年工农业总产值达到3967亿元，完成计划的102.8％；其中工业总产值完成计划的102.3％，比上年增长9.5％；农业总产值完成计划的103.9％，比上年增长8.4％。1973年成为"文化大革命"以来经济效益最好的一年。

林彪事件后各方面取得的成绩，是和周恩来正确地提出要批判极左思潮的意见分不开的。而此时毛泽东却错误地认为当时的任务应仍然是反对"极右"。1972年12月17日，毛泽东在同周恩来、张春桥、姚文元的谈话中提出：林彪是极右，修正主义，分裂，阴谋诡计，叛党叛国。从此，批判极左思潮被批判林彪集团的极右本质所取代。

1973年8月24日至28日，中国共产党第十次全国代表大会在北京召开。政治报告在总结同林彪集团斗争的同时，继续肯定"文化大革命"的理论和实践。在会后召开的中共十届一中全会上，毛泽东当选为中央委员会主席，副主席为周恩来、王洪文、康生、叶剑英、李德生。中共十大继续了中共九大的"左"倾错误，并且使王洪文当上了党中央副主席。江青、张春桥、姚文元、王洪文在中央政治局内结成"四人帮"，江青反革命集团的势力又得到加强。

四、挫败江青"组阁"阴谋和四届全国人大的召开

1974年年初，"批林批孔"运动波及全国。江青等人把这场

运动的矛头指向周恩来。毛泽东发现江青等人借机进行篡权活动以后，在 7 月 17 日中共中央政治局会议上，当众对他们作了严厉的批评，告诫江青、王洪文、张春桥、姚文元"不要搞成四人小宗派"，宣布江青"并不代表我，她代表她自己"。9 月 4 日，毛泽东在听取邓小平关于军队高干会议情况汇报时，又明确表示："无产阶级文化大革命，已经八年。现在，以安定为好。全党全军要团结。"

1974 年国庆节一过，毛泽东就提出筹备召开四届全国人大、酝酿国家机构人事安排，还提议邓小平任国务院第一副总理。10 月 11 日，中共中央发出《关于准备在最近期间召开第四届全国人民代表大会的通知》，传达了毛泽东关于要安定团结的重要指示，筹备召开四届全国人大的工作提上日程。

江青等人为达到"组阁"的目的，不断向邓小平发难，还派王洪文于 10 月 18 日到长沙抢先向毛泽东告状。王洪文诬告周恩来、邓小平，并称"北京现在大有庐山会议的味道"。毛泽东当即批评王洪文：有意见当面谈，这样搞不好。不要跟江青搞在一起。10 月 20 日下午，毛泽东还向中央建议：总理还是我们的总理。邓小平做第一副总理兼中国人民解放军总参谋长。

江青仍不死心，于 11 月两次写信给毛泽东，还于 12 月托人转达她关于人事安排的意见。毛泽东随即表示："江青有野心。她是想叫王洪文做委员长，她自己做党的主席。"12 月 26 日，毛泽东单独同周恩来谈话后，最终确定了四届全国人大的人事安排。重申由周恩来主持党中央和国务院的日常工作，重新对邓小平委以重任。江青等人的"组阁"阴谋归于失败。

1975 年 1 月，第四届全国人民代表大会第一次会议在北京召开。周恩来抱病作政府工作报告，重申了 1965 年三届全国人

1975年1月，第四届全国人民代表大会第一次会议在北京召开。周恩来抱病在政府工作报告中重申了1965年三届全国人大一次会议通过的在本世纪末实现国家"四个现代化"的宏伟目标。

大一次会议通过的在20世纪末实现国家"四个现代化"的宏伟目标。日后的实践证明，这个目标的进度超出了实际可能，但在当时特定条件下，给遭受"文化大革命"长期动乱之祸的中国人民带来了希望，为后来1975年整顿和结束"文化大革命"做了历史的铺垫。

会议选举朱德为第四届全国人大常委会委员长，董必武、宋庆龄、陈云等人为副委员长；确立了周恩来为总理、邓小平为第一副总理的国务院领导集体，使国家的主要权力没有被江青反革命集团控制。与此同时，中央军委机构也作了调整。决定取消军委办公会议，成立中共中央军事委员会常委会，由叶剑英主持。这就为1975年整顿奠定了组织基础，也为随后取得粉碎"四人帮"的决定性胜利准备了条件。

第三节　社会主义事业在遭受破坏中有所发展

一、初步建成独立的比较完整的工业体系和国民经济体系

"文化大革命"时期的经济建设，在经历了1967年和1968年的停滞倒退后，从1969年起进入在遭受破坏中有所发展的阶段。

1966年至1970年的第三个五年计划在这一时期终于完成。由于1966年开局良好，本来按照这个进度是有可能提前两年完成"三五"计划的。但由于1967年和1968年的持续倒退，完成"三五"计划主要靠1969年和1970年的奋斗。经过努力，1969年国民经济计划完成较好。工农业总产值达2613亿元，比上年增长23.8%，比1966年增长7.2%。除粮、棉外，工农业产品的产量都有较大幅度增加。1970年年初，为确保完成"三五"计划指标，经济建设掀起一场"跃进"。到1970年年底，各项主要经济指标大部完成或超额完成"三五"计划。

1968 年 12 月 29 日，南京长江大桥公路桥举行通车典礼。

　　"三五"计划虽然完成，但是存在经济建设过热、基建规模过大、积累率过高等问题。1971 年作为第四个五年计划的开局之年，延续了这些问题，而且各地竞相加码翻番，致使这年年底出现了周恩来指出的"三个突破"的问题，即职工人数突破 5000 万人、工资支出突破 300 亿元、粮食销售突破 800 亿斤。"三个突破"超过了国家财力、物力的承受限度，造成了多方面的不良影响。这种情况持续到 1972 年年底，在"三个突破"之外，又出现第四个突破，即 1971 年和 1972 年共增发货币 27.6 亿元，超计划发行 12.6 亿元。经济过热的后果，首先是国民经济比例严重失调，其次是经济效益的降低。周恩来主持中央日常工作后，用两年时间进行调整整顿，恢复经济管理规章制度，加强国家的集中控制；压缩基建规模，调整国民经济各部门投资比例；压缩、调整军事工业规模；并通过《第四个五年计划纲要（修正草案）》对主要经济指标进行了调整压缩，最终在 1973 年出现国民经济各个领域全面好转的局面。

1975 年是第四个五年计划的最后一年。在整顿工作的强有力推动下，调整压缩后的"四五"计划圆满完成。工农业总产值完成计划的 101.7%。其中农业总产值完成 102.4%，五年年均增长率为 3.6%；工业总产值完成 100.6%，五年年均增长率为 9.1%。主要产品产量的完成情况是：粮食 103.5%、棉花 96.5%、钢 79.7%、原煤 109.5%、原油 110.1%、发电量 103.1%、棉纱 96.8%、铁路货运量 98.7%、预算内基本建设投资 101.6%、财政收入 98%。

在"文化大革命"的条件下，第四个五年计划的完成来之不易。如果没有周恩来主持的 1972 年至 1973 年整顿，没有邓小平主持的 1975 年整顿，不可能取得这样的成就。

1969 年，随着中苏边界武装冲突的发生，全国进入了战备高潮，三线建设作为当务之急迅速得到恢复。这一时期，围绕三线

三线建设的重要基地——四川攀枝花钢铁公司外景。

建设取得了一大批建设成就。国防科技工业方面，在内地建立了雄厚的生产基础和一大批尖端科研试验基地。包括：以重庆为中心的常规兵器工业基地体系，分布在四川、贵州、陕西的电子工业基地，四川、陕西等地的核战略武器科研生产基地，贵州、陕西、四川、鄂西北等地的航空、航天工业基地，沿长江中上游地区的船舶工业科研基地等。到1975年，三线地区国防工业的固定资产原值、净值、主要产品生产能力、技术力量和设备水平都已超过一线、二线地区，大大改变了国防工业的布局状况，这对于保障国家安全具有重要的战略意义。

在交通运输方面，建成了一批重要的铁路、公路干线和支线。包括：成昆（成都—昆明）、川黔（重庆—贵阳）、湘黔（株洲—贵阳）、襄渝（襄樊—重庆）、焦枝（焦作—枝城）、枝柳（枝城—柳州）、阳安（阳平关—安康）、青藏（西宁—格尔木段）等10条重要铁路干线，使三线地区的铁路占全国的比重，由1964年的19.2%提高到34.7%。较大地改变了西南地区交通闭塞的状况，对以后内地的现代化建设起到了重要作用。

在基础工业方面，建成了一大批机械工业、能源工业、原材料工业重点企业和基地。机械工业初步形成了重庆、成都、贵阳、汉中、西宁等新基地。湖北第二汽车制造厂、陕西汽车制造厂、四川汽车制造厂等汽车年产量已占全国的1/3。能源工业建成贵州六盘水和陕西渭北煤炭基地，湖北的葛洲坝水电站、甘肃的刘家峡和八盘峡水电站，贵州的乌江渡水电站，四川石油天然气开发、陕西秦岭火电站等。原材料工业方面建成攀枝花钢铁基地和重庆、成都钢铁基地，四川、甘肃的铜、铝工业基地等钢铁企业984个、有色金属企业945个。

三线建设取得了重大成就，初步改变了我国内地基础工业

1970 年 4 月 24 日，中国第一颗人造地球卫星"东方红一号"发射成功，这是中国航天空间技术的一个重要里程碑。图为北京市民在天安门广场庆祝"东方红一号"卫星发射成功。

薄弱，交通落后，资源开发水平低下的工业布局不合理状况，初步建成了以能源交通为基础、国防科技为重点、原材料工业与加工工业相配套、科研与生产相结合的战略后方基地。三线建设还促进了内地省区的经济繁荣和科技文化进步。攀枝花、六盘水、绵阳、十堰、金昌、都匀、凯里等偏僻的乡镇，崛起为新兴工业城市。

这一时期，中国的国防科技尖端技术得到了突破性的发展。1967 年 6 月 17 日，中国第一颗氢弹爆炸成功，使中国成为世界上第四个掌握氢弹制造技术的国家。1970 年 4 月 24 日，中国第一颗人造地球卫星"东方红一号"发射成功，这是中国航天空间

1971年12月12日，中国自行研制的第一艘导弹驱逐舰启用。

技术的一个重要里程碑。1971年8月和1974年4月，中国自己研制的第一艘鱼雷核潜艇的泊系试验和航行试验相继完成，交付海军使用。1973年年初，中国第一台每秒百万次集成电路电子计算机研制成功，把中国计算机技术推向第三代。1975年11月，中国第一颗返回式卫星成功发射，准确入轨，安全降落。中国卫星技术实现了第二个飞跃。正如邓小平所说："如果六十年代以来中国没有原子弹、氢弹，没有发射卫星，中国就不能叫有重要影响的大国之一，就没有现在这样的国际地位。"

这十年的工业、交通和科技发展，为我国建立独立的比较完整的工业体系和国民经济体系，奠定了坚实的基础。从1952年到1978年，我国工业发展尽管有过几次起落，平均每年的增长速度仍然达到11.2%。1979年9月29日，叶剑英发表经中共中央政治局讨论通过的国庆30周年重要讲话，宣布："我们在旧中国遗留下来的一穷二白的基础上，建立了独立的比较完整的工业体系和国民经济体系。"

二、农业生产条件改善与农村经济的缓慢发展

农村经济和工业经济一样，在"文化大革命"的最初两年遭到极大破坏。1968 年，农业总产值比上年下降 2.45%，粮食减产 4%，糖料减产 18.1%。农村经济出现三年困难时期之后又一次重大波折。

1969 年中共九大召开后，全国形势渐趋稳定，农村形势开始有所好转。当年农业总产值比上年增长 1.1%，粮食产量比上年增加 0.9%。

1970 年 8 月至 10 月，国务院召开"文化大革命"以来第一次全国农村工作会议，会议讨论了实现《农业发展纲要》的措施和农村政策问题。

1971 年林彪事件发生后，周恩来主持日常工作。1971 年 12 月 26 日，中共中央发出《关于农村人民公社分配问题的指示》，强调增产增收原则，强调落实按劳分配政策，提出注意农业全面发展，不能把多种经营当作资本主义去批判。此后，农村局势逐渐稳定。从 20 世纪 70 年代起，广大农村开展了治山造田、治河修渠的农田水利基本建设运动，农业生产条件和抗灾能力得到较大改善。

农业机械、农用化肥、农村用电等条件开始改善。1976 年与 1965 年相比，农业用电增长 4.7 倍，农用排灌动力机械拥有量增长 4.9 倍，农用化肥每亩施用量增长 2.1 倍，拖拉机、手扶拖拉机产量增长 5.7 倍和 65 倍。农业科技也得到重要突破。袁隆平、张先程等人于 1972 年、1973 年育成的杂交水稻优良品种，1976 年开始推广，取得了显著成效。籼型杂交稻和粳型杂交稻，都比常规稻一般每亩增产 20 多斤，多的增产 200 斤至 300 斤。

上述情况，使中国粮食生产和农业总产值从 20 世纪 70 年代开始保持平稳增长。1970 年至 1975 年，全国农业总产值除 1972 年遭受 1962 年以来最严重的自然灾害略有减少（−0.2%）外，其余各年与上年相比，1970 年增长 11.5%，1971 年增长 3.1%，1973 年增长 8.4%，1974 年增长 4.2%，1975 年增长 4.6%。全国人均粮食产量由 1964 年的 538 斤增加到 1975 年的 621 斤。

这一时期，社队工业获得了较快发展。1970 年全国北方农业会议提出，为实现农业机械化，要求大办地方农机厂、农具厂以及与农业有关的其他企业。江苏、浙江、广东等历史上有传统手工业的省份首先行动起来，纷纷创办各种规模的农具、粮油加工、建材、编织、服装等社队工业。1975 年 10 月，根据毛泽东和邓小平的批示，《人民日报》发表了调查报告《伟大的光明灿烂的希望》和评论文章，对社队工业予以积极支持。此后，社队工业得到了更快的发展。1965 年至 1976 年期间，按不变价格计算，全国社办工业产值由 5.3 亿元增长到 123.9 亿元，在全国工业产值中的比重由 0.4% 上升到 3.8%。社队工业的发展，为 20 世纪 80 年代实行改革开放政策后乡镇企业的大发展打下初步基础。

这一时期农业经济虽有一定增长，但仍然是比较缓慢的。即使比较稳定的 1970 年至 1975 年，农业总产值年均递增速度也只有 3.6%，低于 1952 年至 1995 年 43 年间的年均递增速度。

三、动乱时期的教育、文化、卫生事业和人民生活

教育和文化领域在"文化大革命"最先遭受全面冲击，是破坏最为严重的两个领域。前 17 年的成就被全盘否定，一系列制

度方针政策被废除，一大批领导干部和专业人才被打倒。这种局面直到林彪事件之后，在周恩来主持中央日常工作，初步纠正极左思潮造成的破坏之时，才有了转机。随后，在 1975 年整顿期间，这两个领域落实知识分子政策的工作，才被艰难地提上日程。

从 1966 年起，全国大学停止招生，中学长期"停课闹革命"，中专也一度停办，出现了一个培养专业技术人才的断层。直到 1970 年，中共中央批转北京大学、清华大学关于招生的请示报告，全国部分院校开始从有三年以上实践经验的工人、农民、解放军战士和干部中，采取推荐和审核相结合的方式招收工农兵学员。1971 年 8 月，中共中央要求：争取在"四五"计划期间，在农村普及小学五年教育。国家计委两次追加教育经费中用于普及小学教育的投资。在 1975 年 9 月 26 日的国务会议上，邓小平提出教育部门要解决"后继有人"的问题。强调要加强数理化和外语等基础知识的教学。1976 年全国小学生人数比 1965 年增加 29.1%，初中生人数是 1965 年的 5.4 倍，高中生人数是 1965 年的 11.3 倍。

在文化领域，直到"文化大革命"后期，整个文艺界只有"八个样板戏"能够上演，除改编"样板戏"外，全国只上映了几部新的电影故事片，大批小说、文艺作品、文艺刊物遭到长期封杀。1975 年 7 月 14 日，毛泽东在同江青的谈话中，对这种状况表示了不满。他说："党的文艺政策应该调整一下，一年、两年、三年，逐步逐步扩大文艺节目。""缺少诗歌，缺少小说，缺少散文，缺少文艺评论。""对于作家，要惩前毖后、治病救人，如果不是暗藏的有严重反革命行为的反革命分子，就要帮助。"随后，毛泽东对电影《创业》作出批示，指出："此片无大错，建议通过发行，不要求全责备。而且罪名有十条之多，太过分了，不利调整党的文艺政策。"久受压抑的人们奔走相告，文艺界开始出现一些生机。

在卫生方面，根据毛泽东关于要把医疗重点放到农村去的要求，主要是推广"赤脚医生"和"合作医疗制度"。"赤脚医生"，就是从下乡知识青年和其他人员中，通过简单的专业技术培训，培养扎根农村的卫生医护人员。合作医疗制度，是由集体和农民个人集资，分担农民部分医疗费用的办法。1976年，全国农村实行合作医疗的生产大队的比重从1968年的20%上升到90%，由合作医疗担负的卫生保健服务覆盖了全国85%的农村人口。广大医疗卫生人员长期奋斗在艰苦的农村环境中，为改变农村缺医少药的状况作出了自己的贡献。"赤脚医生"、"合作医疗"的出现，也在一定程度上改变了农村落后的卫生事业面貌，在国际上得到赞誉。与此同时，计划生育政策自1971年国务院提出"四五"计划的人口控制指标起，越来越受到重视。全国人口自然增长率由1965年的28.38‰下降到1976年的12.66‰。中国人口再生产类型已开始向"低出生、低死亡、低增长"型转变。

这一时期，环境保护事业开始起步。1972年2月，中国派代表团出席联合国第一次环境会议。1973年8月，根据周恩来的指示，国务院在北京召开第一次全国环境保护会议，由此揭开了中国环境保护事业的序幕。会议确定了我国第一个环境保护工作方针，审议通过了我国第一部环境保护的法规性文件——《关于保护和改善环境的若干规定（试行草案）》。

这一时期，人民生活改善比较缓慢，但初步满足了占世界1/4人口的衣食住行最基本的生活需求，这在当时被世界公认是一个奇迹。1976年全国居民的人均消费水平，农民增加到125元，城市居民增加到340元。1976年全国人均占有粮食达到615斤。

1976 年的在校生人数，小学为 1.5 亿人，中学为 5836.5 万人，高等学校为 67.4 万人。1976 年全国拥有医院 6.3 万家，其中县级以上医院有 7952 家；医院床位为 168.7 万张。全国人口死亡率从 1966 年的 8.83‰ 下降到 1976 年的 7.25‰。1975 年，人均预期寿命提高到 63.8 岁。与此同时，在人口就业、城市居民住房、城市交通、工资福利保障等方面多年欠账过多，农副产品供应还比较紧张，全国有近 1/4 的人口仍没有解决温饱问题。

四、反对霸权主义与开拓外交新局面

"文化大革命" 初期，外交工作也受到极左思潮的严重干扰。1967 年 8 月，外交部系统的造反派宣称夺取外交大权。同年 8 月 22 日晚，还发生火烧英国代办处的严重事件。随后，毛泽东、周恩来努力排除极左思潮对外交工作的干扰，使外交工作秩序得以恢复。

反对苏联霸权主义和武装威胁的斗争，是中国这一时期最重要的国际战略。1964 年 10 月勃列日涅夫出任苏共领导人后，在苏中边境对中国形成由北向南的强大军事压力。到 20 世纪 60 年代末 70 年代初，苏中边境的苏军兵力由赫鲁晓夫时期的 10 多个师逐渐增至 40 多个师，最后达到 50 多个师 100 万军队。还建立了对准中国的导弹基地。

1969 年 3 月 2 日，发生苏联边防军武装入侵我珍宝岛事件。中国边防军于 3 月 2 日、15 日、17 日进行珍宝岛自卫反击战，击退入侵的苏联边防军。事件发生后，为防止事态进一步恶化和扩大，周恩来同苏联部长会议主席柯西金于 1969 年 9 月 11 日在北京机场举行会谈，周恩来提出维持边界现状、避免武装冲突、双方武装力量在边界争议地区脱离接触三项建议，柯西金表示完全赞同。随后，又恢复了两国外长级边界谈判。尽管中苏边界谈判持续 9 年未能达成任何协议，但两国边界再也没有发生大规模的武装冲突。

20 世纪 60 年代后期，陷入越战泥沼的美国由于军事、经济实力受到削弱，不得不设法从亚洲收缩力量。而苏联在边界大量增兵并挑起一连串武装冲突事件，构成了对中国国家安全的最大威胁。毛泽东从维护国家安全利益的角度出发，着手调整中国的对外战略，考虑选择以改善对美关系为突破口。

中共九大以后，毛泽东交给叶剑英、陈毅、徐向前、聂荣臻四位元帅一项研究国际形势和战略问题的任务。他们的研究，为作出打开中美关系正常化大门的决策提供了依据。

1971 年 4 月 6 日，毛泽东经过反复考虑，决定邀请在日本参加第 31 届世界乒乓球锦标赛的美国乒乓球队访华。"乒乓外交"以民间往来的形式走出了松动双方关系的第一步，为中美两国政府的正式接触提供了契机。4 月 21 日，中方抓住时机向美国政府发出口信，重申愿意公开接待美国总统特使如基辛格或国务卿甚至总统本人来北京进行直接晤谈。7 月 9 日至 11 日，基辛格秘密访问中国，为美国总统尼克松访华铺平了道路。

1972 年 2 月 21 日，美国总统理查德·尼克松抵达北京，开始对中国的访问。当天下午，毛泽东会见尼克松。此后，周恩来与尼克松就两国关系正常化以及双方所共同关心的国际事务进行了广泛、认真和坦率的讨论。2 月 28 日，中美双方签署的中美《联合公报》（即《上海公报》）正式发表。中方重申：中华人民共和国政府是中国的唯一合法政府，台湾是中国的一个省，解放台

1972 年 2 月 21 日，毛泽东在北京中南海会见美国总统理查德·尼克松。

湾是中国的内政，别国无权干涉，全部美国武装力量和军事设施必须从台湾撤走，坚决反对任何制造"一中一台"、"两个中国"的活动。美方声明：它认识到在台湾海峡两边的所有中国人都认为只有一个中国，台湾是中国的一部分，美国对这一立场不提出异议。美方重申对由中国人自己和平解决台湾问题的关心，确认从台湾撤出全部美国武装力量和军事设施的最终目标，在此期间美国将随这个地区紧张局势的缓和逐步减少在台湾的武装力量和军事设施。双方声明：任何一方都不应在亚洲—太平洋地区谋求霸权；大国相互勾结反对其他国家或在世界上划分利益范围，都是违背世界各国人民利益的。

中美关系正常化进程，对中国同日本、西欧国家的关系产生了积极的影响。1972 年 9 月，日本首相田中角荣应邀访华。中日双方签署并发表了两国政府联合声明，宣布自 1972 年 9 月 29 日起建立外交关系。声明指出，日方对过去由于战争给中国人民造成的重大损害，表示深刻的反省。

1972 年 9 月 29 日，周恩来总理和日本首相田中角荣在北京签署中日联合声明。

　　20 世纪 70 年代上半期，中国还先后同 40 多个亚非拉国家建立了外交关系，同原先已建立外交关系的绝大多数国家，特别是与东欧各国的关系有了不同程度的恢复、改善和发展。

　　这一时期，中国在广大第三世界国家的支持下，恢复了在联合国的合法席位。1971 年 10 月，第 26 届联合国大会就恢复中华人民共和国在联合国的合法权利提案进行专题辩论。此时，提案参加国已由 18 个增至 23 个，约 80 个会员国代表发言。虽然美国代表四处活动，还指使某些国家出面要求推迟表决，但被大会所拒绝。当美国代表布什提出的删去提案中驱逐蒋介石集团代表出联合国一节的要求被否定后，台湾当局被迫宣布退出联合国，其"代表团"离开了会场。接着 23 国提案以 76 票赞成、35 票反对、17 票弃权的压倒多数获得通过。表决结果出来，会议厅里一片欢腾。在广大第三世界国家的努力和支持下，中华人民共和国终于恢复了在联合国的合法权利，走上联合国的政治舞台。11 月 15 日，以乔冠华为团长、黄华为副团长的中华人民共和国代表团出席联合国大会第 26 届会议全体会议，受到极为热烈的欢迎。

根据国际形势的新变化，毛泽东正式提出"三个世界"划分的思想，对中国的外交战略作出重大调整。1974 年 2 月 22 日，毛泽东在会见赞比亚总统卡翁达时提出了"三个世界划分"的战略思想。他说："我看美国、苏联是第一世界。中间派，日本、欧洲、澳大利亚、加拿大是第二世界……亚洲除了日本，都是第三世界。整个非洲都是第三世界，拉丁美洲也是第三世界。"1974 年 4 月 10 日，邓小平在联合国大会第六届特别会议上的发言中，第一次向全世界阐述了毛泽东的这一新的战略思想和我国的对外政策，公开表明："中国现在不是，将来也不做超级大国。"

20 世纪 70 年代毛泽东国际战略思想的调整，推动中国外交

1974 年 4 月 10 日，邓小平在联合国大会第六届特别会议上发言，第一次向全世界阐述了毛泽东关于"三个世界划分"的战略思想。

有了突破性进展。到 1976 年 10 月"文化大革命"结束时，中国已同 110 个国家建立外交关系。正如邓小平所指出的："'文化大革命'期间，外事工作取得很大成绩。尽管国内动乱，但是中国作为大国的地位，是受到国际上的承认的。中国的国际地位有提高。"

第四节 "文化大革命"的结束

一、邓小平主持 1975 年整顿

1975 年，周恩来病重，邓小平在毛泽东支持下主持国务院工作，继而又同时主持党中央日常工作，召开了军委扩大会议和解决工业、农业、交通、科技等方面问题的一系列重要会议，着手对许多方面的工作进行整顿，使形势有了明显好转。

整顿工作首先从铁路展开。当时，铁路部门问题极为严重，1974 年全国货运量比上年减少 4321 万吨，行车事故反而增加 15%，重大事故和大事故增加 48%。运输长期陷于堵塞，严重影响了工业生产。徐州、南京、郑州等铁路局被造反分子把持，他们猖獗地煽动动乱，京广、湘桂两条干线一度全部瘫痪。

1975 年 2 月 25 日至 3 月 8 日，全国各省、市、自治区党委主管工业的书记会议在北京召开，着重解决铁路运输问题。3 月 5 日，邓小平在讲话中指出，全党要讲大局。发展我国国民经济的两步设想，建设四个现代化的社会主义强国，就是大局，全党要多讲。而当前把国民经济搞上去的关键是解决铁路问题。他严厉地说：听说现在有的同志只敢抓革命，不敢抓生产，说什么"抓革命保险，抓生产危险"。这是大错特错的。解决铁路问题的办法是要加强集中统一，建立必要的规章制度和纪律，对少数闹派性的坏头头，要坚决予以处理。同日，中共中央发出了《关于加强铁路工作的决定》。主管交通的副总理王震立下军令状，铁道部部长万里等领导干部亲自到各铁路局，大张旗鼓宣传中央文件、调整领导班子，处理了一批坏人。全国铁路整顿很快见效。4月份20个局有19个完成计划。随后，煤炭生产运用铁路整顿的经验，也在同年4月打了个翻身仗。

5月，整顿的重点转到钢铁工业。5月29日，邓小平在全国钢铁工业座谈会上作了重要讲话，强调说：第一，必须建立一个强有力的领导班子，不称职的立即撤换；第二，必须和派性、闹派性的人进行坚决斗争；第三，要认真落实政策，调动群众特别是老工人、老劳模的积极性；第四，必须建立必要的规章制度，严肃执行。在这次讲话中，邓小平还把毛泽东自1974年8月至12月对国内问题作的三项指示①联系在一起，提出这是我们今后一个时期各项工作的纲。6月4日，中共中央发出《关于努力完成今年钢铁生产计划的批示》（13号文件），钢铁工业进行了全面整顿。到6月中旬，全国每天钢产量达到7.2万吨。

1975年整顿从铁路开始，初步整饬了派性，开始恢复正常经济秩序和生产秩序，也使各级领导和部门敢管事、敢做事了。整个形势一个月比一个月好。全国工业总产值1975年上半年完成全年计划的47.4%，财政收入完成全年收入的43%。这种局面，

---

① 这三项指示分别是，关于理论问题的指示、关于安定团结的指示、关于要把国民经济搞上去的指示。

运行秩序恢复正常的全国铁路重要枢纽徐州车站。

是"文化大革命"以来从未有过的，极大地振奋了全国人民的信心。

　　为了阻止邓小平的整顿，江青等人发动了所谓"反经验主义"斗争，将矛头指向周恩来等老一辈革命家。1975年3月1日，姚文元发表《论林彪反党集团的社会基础》一文；4月1日，张春桥发表《论对资产阶级的全面专政》一文。两篇文章的共同特点，都是把"经验主义"作为主要危险，把无产阶级专政的历史任务歪曲为只是专政，而且是无产阶级对"一切"实行专政，用"打土围子"的口号来对老干部实现"全面专政"。在经过一段大造舆论之后，4月中旬，江青在中共中央政治局会议上正式提出"反经验主义"问题。

毛泽东在听取邓小平汇报后，于4月23日批示："提法似应提反对修正主义，包括反对经验主义和教条主义，二者都是修正马列主义的，不要只提一项，放过另一项。"5月3日晚，毛泽东最后一次出席中共中央政治局会议。他指出："我看批判经验主义的人，自己就是经验主义。"还当众再次告诫王洪文、江青、张春桥、姚文元："不要搞四人帮，你们不要搞了，为什么照样搞呀？"这以后，中共中央政治局于5月27日和6月3日专门召开会议，讨论毛泽东的批示和讲话，对江青等人进行批判。6月28日，江青被迫写出书面检讨，承认"'四人帮'是客观存在"，"有发展成分裂党中央的宗派主义问题"。

在毛泽东的支持下，邓小平从7月2日起，主持中共中央政治局的日常工作。

经过这一番较量，整顿工作进一步向深度和广度发展。以"要准备打仗"为纲开始了军队整顿，根据毛泽东的多次批示和谈话开始调整文艺政策，还开展了科技和教育整顿。这些整顿，大多数都是在"文化大革命"的重灾区进行，一些领域还是江青等人长期把持的重地，必然会遭到江青等人的顽固抵抗。

随着整顿的深化，在邓小平的支持下，形成了《论全党全国各项工作的总纲》以及《关于加快工业发展的若干问题》（又称"工业二十条"）和《关于科技工作的几个问题（汇报提纲）》（又称"科学院工作汇报提纲"），为整顿的深入展开从理论到具体方针政策的制定做了准备。后来在"批邓、反击右倾翻案风"运动中，这几个文件被当作邓小平的所谓"右倾纲领"遭到批判。

二、"反击右倾翻案风"的发动

1975 年 10 月 7 日，清华大学党委副书记刘冰等人通过邓小平转交给毛泽东一封联名信，反映清华大学党委书记迟群和副书记谢静宜在工作作风和群众关系上的一些问题。毛泽东认为，清华大学刘冰等人来信"动机不纯"，"矛头是对着我的"。还批评邓小平"偏袒刘冰"。并说，清华所涉及的问题不是孤立的，是当前两条路线斗争的反映。不久，"批邓、反击右倾翻案风"波及全国。

1976 年 1 月 8 日，周恩来逝世。周恩来一生为党和国家、人民呕心沥血工作，鞠躬尽瘁，死而后已。他的逝世引起了全国人民的巨大悲痛。在周恩来治丧活动期间，"四人帮"压制人民的悼念活动，竭力限制悼念的规模，但却阻止不住人民群众自发形成十里长街为周恩来送行的局面。

自 3 月下旬起，南京、杭州、郑州、西安等城市的群众利用中国清明节的传统习俗，举行了种种悼念周恩来的活动。北京从 3 月底开始，人民群众自发地会集到天安门广场，张贴传单，朗诵诗词，发表演说，表达对周恩来的悼念，痛斥"四人帮"的罪恶。4 月 4 日清明节这一天，天安门广场聚集了百万以上群众，悼念活动达到高潮。当日晚，中共中央召集部分在京政治局委员举行紧急会议。会议在"四人帮"的左右下，作出完全错误的决定，把天安门广场发生的事情定为"反革命事件"，当夜将广场花圈、诗词、挽联等撤走，导致次日广场上发生了与群众的激烈冲突。"四人帮"一伙污蔑邓小平是天安门事件的后台，向毛泽东作了歪曲汇报。

1976 年 4 月 4 日清明节，天安门广场聚集了百万以上群众，悼念周恩来的活动达到高潮。

4 月 7 日晚，中共中央政治局根据毛泽东的提议，决定华国锋担任中共中央第一副主席、国务院总理；撤销邓小平的党内外一切职务，"保留党籍，以观后效"。

历史已经证明，天安门事件是一场广大干部群众悼念周恩来、反对"四人帮"的强大抗议运动。这个运动实质上是拥护以邓小平为代表的党的正确领导，它为后来粉碎江青反革命集团奠定了伟大的群众基础。

三、粉碎"四人帮"

1976 年夏季，中国人民经历了一系列的不幸事件，面临着严峻的考验。

7月6日，朱德逝世。朱德是中国人民解放军的主要缔造者之一，中华人民共和国的开国元勋，自1959年起连续担任三届全国人大常委会委员长，是以毛泽东为核心的党的第一代中央领导集体的重要成员。他信念坚定、坦荡忠厚、艰苦朴素、顾全大局的精神和品德深受人民景仰。

7月28日，河北省唐山地区发生7.8级强烈地震。有着近百年历史的重工业城市唐山在瞬间化为一片废墟，地震波及北京、天津等地。地震造成24.2万人死亡，70多万人受伤，人民财产损失惨重。中共中央和国务院立即组织人民解放军和各有关部门积极进行了抗震救灾活动。经过20多天努力，抢救出大批受灾人员，安顿了几十万受灾群众，初步恢复了生产和运输。

　　1976年7月28日，河北省唐山、丰南一带发生7.8级强烈地震。有着近百年历史的重工业城市唐山在瞬间化为一片废墟，人民生命财产损失惨重。

9月9日，毛泽东逝世。毛泽东是中国共产党、中华人民共和国和中国人民解放军的主要缔造者和领导者，是中国人民和世界反压迫人民崇敬的伟大领袖，是在世界上享有崇高威望的历史巨人。他的逝世引起了中国人民和世界人民的深切哀悼。从9月10日起，中国和世界部分国家举行了各种形式的隆重悼念活动。9月18日下午，首都百万群众在天安门广场隆重举行追悼大会。全国县以上地区同时召开追悼会。9月21日，联合国第31届大会开幕式上，140多个国家的代表为毛泽东逝世肃立默哀。

此时，"四人帮"却加紧进行了争夺党和国家最高领导权的种种活动。9月11日，王洪文背着中共中央政治局，在中南海另设"中央办公厅值班室"，企图隔断党中央、华国锋同各地的联系。他们还在上海秘密督办"第二武装"，妄图使上海成为他们夺取最高权力的根据地。经姚文元审改，在9月16日《人民日报》、《解放军报》和《红旗》杂志的社论《毛主席永远活在我们心中》里，制造了所谓毛泽东"按既定方针办"的"临终遗嘱"，江青一伙人标榜自己为毛泽东的合法继承人，企图打着毛泽东的旗号夺取党和国家最高权力。

在征得中共中央政治局大多数人的同意后，10月6日晚，中央政治局执行党和人民的意志，果断地对江青、张春桥、姚文元、王洪文实行隔离审查，一举粉碎了"四人帮"，结束了"文化大革命"这场灾难。这是全党、全军和全国各族人民长期斗争取得的伟大胜利。在粉碎"四人帮"的斗争中，华国锋、叶剑英、李先念等同志起了重要作用。

当晚，中共中央政治局召开会议，通报了粉碎"四人帮"的过程，通过了由华国锋任中共中央主席、中央军委主席的决定。

粉碎"四人帮"的消息向全国公布后,举国欢腾。图为首都各界群众游行欢庆粉碎"四人帮"。

10月18日,中共中央印发《关于王洪文、张春桥、江青、姚文元反党集团事件的通知》,说明党中央同"四人帮"斗争的经过,指导开展揭批"四人帮"运动。其后,中共中央又采取措施,控制和稳定了上海地区的局势。粉碎"四人帮"的消息向全国公布后,举国欢腾。全国各地人民纷纷举行盛大集会和游行,衷心庆贺这一伟大的历史性胜利。

粉碎"四人帮"的胜利，结束了"文化大革命"这场持续10年之久的内乱，挽救了中国共产党，挽救了中华人民共和国，挽救了中国的社会主义事业。一个新的历史时期正在到来。

四、从"文化大革命"中得到的历史教训

"文化大革命"给党和国家的各项事业造成的损失是巨大的。它使党和国家政治生活的准则、集体领导、民主集中制遭到严重破坏，社会主义民主与法制遭到践踏，各级党的组织和政权机关陷于停顿半停顿状态，爱国主义和社会主义的统一战线被破坏，各条战线取得的成果被否定，一大批忠诚于党、国家和人民的领导干部、知识分子、民主党派人士受到诬陷，国家和社会一度陷入极度混乱之中。这些情况都给一些野心家、阴谋家和打砸抢分子提供可乘之机，他们利用攫取的一部分权力干尽了坏事。我们要从中总结历史教训，记取历史教训，从根本上避免类似事件再次发生，确保党和国家沿着社会主义轨道健康发展。

"文化大革命"的错误实践，是在错误的理论和指导思想支配下产生的。这一错误理论和指导思想就是毛泽东"无产阶级专政下继续革命理论"。其主要论点是：一大批资产阶级的代表人物、反革命的修正主义分子，已经混进党里、政府里、军队里和文化领域的各界里，相当大的一个多数的单位的领导权已经不在马克思主义者和人民群众手里。党内走资本主义道路的当权派在中央形成了一个资产阶级司令部，它有一条修正主义的政治路线和组织路线，在各省、市、自治区和中央各部门都有代理人。过去的各种斗争都不能解决问题，只有实行"文化大革命"，公开

地、全面地、自下而上地发动广大群众来揭发上述的黑暗面，才能把被走资派篡夺的权力重新夺回来。这实质上是一个阶级推翻一个阶级的政治大革命，以后还要进行多次。尽管毛泽东发动"文化大革命"的出发点和主观愿望是为了抵御帝国主义的"和平演变"、克服党和国家政治生活中存在的阴暗面、防止资本主义复辟，但是毛泽东提出的这些"左"倾错误论点，明显地脱离了作为马克思列宁主义普遍原理和中国革命具体实践相结合的毛泽东思想的轨道，也不符合中国实际。

第一，"文化大革命"被说成是同修正主义路线或资本主义道路的斗争，这个说法根本没有事实根据，并且在一系列重大理论和政策问题上混淆了是非。"文化大革命"中被当作修正主义或资本主义批判的许多东西，实际上正是马克思主义原理和社会主义原则，其中很多是毛泽东自己过去提出或支持过的。"文化大革命"否定了新中国成立以来17年大量的正确方针政策和成就，这实际上也就在很大程度上否定了包括毛泽东自己在内的党中央和人民政府的工作，否定了全国各族人民建设社会主义的艰苦卓绝的奋斗。

第二，是非的混淆导致敌我的混淆。实际上，党内根本不存在所谓以刘少奇、邓小平为首的"资产阶级司令部"。"文化大革命"所打倒的"走资派"，是党和国家各级组织中的领导干部，即社会主义事业的骨干力量。确凿的事实证明，硬加给刘少奇的所谓"叛徒"、"内奸"、"工贼"的罪名，完全是林彪、江青等人的诬陷。中共八届十二中全会对刘少奇所作的政治结论和组织处理，是完全错误的。"文化大革命"对所谓"反动学术权威"的批判，使许多有才能、有成就的知识分子遭到打击和迫害，也严重地混淆了敌我。

第三，"文化大革命"名义上是直接依靠群众，实际上既脱离了党的组织，又脱离了广大群众。运动开始后，党的各级组织普遍受到冲击并陷于瘫痪、半瘫痪状态，党的各级领导干部普遍受到批判和斗争，广大党员被停止了组织生活，党长期依靠的许多积极分子和基本群众受到排斥。以上这些情况，不可避免地给一些投机分子、野心分子、阴谋分子以可乘之机，其中有不少人还被提拔到了重要的以至非常重要的领导岗位上。"文化大革命"初期被卷入运动的大多数人，是出于对毛泽东和党的信赖，除极少数极端分子以外，他们并不赞成对党的各级领导干部进行残酷斗争。后来，他们经过不同的曲折道路而提高觉悟之后，逐步对"文化大革命"采取怀疑观望以至抵制反对的态度，许多人因此也遭到了程度不同的打击。

第四，实践证明，"文化大革命"不是也不可能是任何意义上的革命或社会进步。对于党和国家肌体中确实存在的某些阴暗面，当然需要作出恰当的估计并运用符合宪法、法律和党章的正确措施加以解决，但决不应该采取"文化大革命"、"造反夺权"、"打倒一切"的做法。在社会主义条件下进行所谓"一个阶级推翻一个阶级"的政治大革命，只能造成严重的混乱、破坏和倒退。

历史的损失，往往会从历史的进步中得到补偿。从"文化大革命"的教训和新中国成立以来正反两方面的经验中，得到的有益启示主要是：

第一，要正确认识社会主义社会的主要矛盾和中心工作。在社会主义改造基本完成以后，我国所要解决的主要矛盾，是人民日益增长的物质文化需要同落后的社会生产之间的矛盾。党和国家工作的重点必须转移到以经济建设为中心的社会主义现代化建设上来，大力发展社会生产力，并在这个基础上逐步改善人民的物质文化生活。"文化大革命"所犯的错误，归根到底，就是没有坚定不移地实现这个战略转移，甚至离开了经济建设这个中心。

第二，要正确认识和处理社会主义社会的矛盾。在剥削阶级作为阶级消灭以后，阶级斗争已经不是主要矛盾。必须正确认识我国社会内部大量存在的不属于阶级斗争范围的各种社会矛盾，采取不同于阶级斗争的方法来正确地加以解决。由于国内的因素和国际的影响，阶级斗争还将在一定范围内长期存在，在某种条件下还有可能激化。对敌对势力的"西化"分化图谋，必须保持高度警惕和进行有效的斗争。

第三，要高度重视社会主义民主与法制建设。逐步建设高度民主的社会主义政治制度，是社会主义建设的根本任务之一。新中国成立以来没有重视这一任务，成了"文化大革命"得以发生的一个重要条件，这是一个沉痛教训。党的各级组织必须在宪法和法律规定的范围内活动。党要加强同党外人士的合作共事，发挥人民政协的作用，在国家事务的重大问题上同民主党派和无党派人士认真协商。

第四，要在党和国家领导制度上始终坚持民主集中制和集体领导的原则。根据"文化大革命"的教训和党的现状，必须把我们党建设成为具有健全的民主集中制的党。一定要树立党必须由在群众斗争中产生的德才兼备的领袖们实行集体领导的马克思主义观点，禁止任何形式的个人崇拜。在高度民主的基础上实行高度的集中，坚持少数服从多数、个人服从组织、下级服从上级、全党服从中央。党在对国家事务和各项经济、文化、社会工作的领导中，必须正确处理党同其他组织的关系，从各方面保证国家权力机关、行政机关、司法机关和各种经济文化组织有效地行使自己的职权，保证工会、共青团、妇联等群众组织主动负责地进行工作。

第五，要通过持久、全面、深入的改革，即通过社会主义制度的自我完善和发展，来解放和发展社会生产力，完善和发展社会主义经济基础和上层建筑，推动社会主义从初级阶段向更高的发展阶段迈进，直到最终实现共产主义。这是人类历史上空前伟大的革命。这种革命和以前推翻剥削阶级政权的革命不同，不是通过激烈的阶级对抗和冲突来实现，而是通过持续不断的改革，有领导、有步骤、有秩序地进行。

第四章
伟大历史转折的实现和
改革开放的起步

粉碎"四人帮"后，经过同"两个凡是"的斗争和关于真理标准问题的讨论，为中共十一届三中全会的召开准备了条件。1978 年 12 月召开的中共十一届三中全会，是新中国历史上具有深远意义的伟大转折。以中共十一届三中全会为起点，中国进入改革开放的历史新时期。经济体制改革从农村突破并向其他领域拓展，对外开放从广东、福建先行初见成效，以经济建设为中心的各项工作打开新局面。随着对历史经验的深入总结和改革开放的成功实践，邓小平鲜明地提出"建设有中国特色的社会主义"的重要命题，为开创中国特色社会主义道路指明了方向。中共十二届三中全会通过关于经济体制改革的决定，有力地推动了以城市为重点的经济体制改革。

第一节　拨乱反正和伟大历史转折的实现

一、拨乱反正初步展开和经济恢复

1976年10月粉碎"四人帮"后，全国普遍开展了深入揭批"四人帮"运动，深入揭发批判江青反革命集团的罪行，清查他们的帮派体系。党和国家组织的整顿，冤假错案的平反，开始部分地进行。工农业生产得到比较快的恢复。教育科学文化工作也开始走向正常。

随着揭批"四人帮"运动的深入，广大干部和群众越来越强烈地要求纠正"文化大革命"的错误，加快平反冤假错案，包括为天安门事件平反与为邓小平恢复名誉和领导职务。与此同时，世界经济快速发展，科技进步日新月异。国内外大势要求中国共产党尽快就关系党和国家前途命运的大政方针作出战略抉择。

党内外的呼声和要求却遇到了严重的阻碍。这固然是由于历史的惯性作用，"文化大革命"造成的政治上思想上的混乱不容易在短期内消除，客观上需要有一个转圜的时间；同时也由于当

1977 年 7 月 30 日，邓小平出席在北京工人体育场举行的北京国际足球友好邀请赛闭幕式并观看比赛。这是邓小平复出后第一次在公众场合露面。

时"两个凡是"（即"凡是毛主席作出的决策，我们都坚决维护；凡是毛主席的指示，我们都始终不渝地遵循"）错误方针的推行，致使党和国家工作出现了"在徘徊中前进"的局面。

1977 年 7 月 17 日，中共十届三中全会通过《关于恢复邓小平同志职务的决议》，恢复邓小平中共中央委员、中央政治局委员、中央政治局常委、中共中央副主席，中央军委副主席，国务院副总理，中国人民解放军总参谋长的职务。邓小平在复出以前，曾于 4 月 10 日写信给华国锋、叶剑英和中共中央，提出"我们必须世世代代地用准确的完整的毛泽东思想来指导我们全党、全军和全国人民"。随后，他又明确指出，"两个凡是"不符合马克思主义。这为突破"两个凡是"的束缚提供了重要思想武器。

邓小平恢复工作后，选择科技教育作为正本清源、拨乱反正的突破口。他肯定科研、教育工作者都是劳动者，明确提出："四个现代化，关键是科学技术的现代化。"1977年，纠正了"文化大革命"期间对此前教育工作"两个估计"的错误判断，恢复了高等学校招生考试制度，实现了教育领域的拨乱反正。1978年3月，全国科学大会在北京召开，制定了《1978—1985年全国科学技术发展规划纲要（草案）》，动员全国人民向科学技术现代化进军，极大地振奋了人民的精神，揭开了中国科技工作历史上新的一页。

与此同时，文艺战线批判了所谓"文艺黑线专政论"，肯定"文化大革命"前17年文艺工作的成绩，恢复了全国文联、中国作家协会等文艺团体，一批受迫害的文艺工作者得到平反昭雪，一批被禁演的电影、戏剧重新上演，一批被禁书籍重新与读者见面。由于"百花齐放，百家争鸣"方针的逐步恢复，文学、戏剧、电影、美术、音乐、舞蹈等的创作逐步走向繁荣，新闻、广播、电视和

1977年12月，参加高考的北京考生在认真答卷。

出版事业，卫生、体育和其他各项文化工作，得到了恢复和发展。

为了扫清拨乱反正的障碍，1977 年 12 月，中共中央任命胡耀邦为中央组织部部长。中组部把平反冤假错案作为冲破"两个凡是"、拨乱反正的突破口，仅 1978 年一年，就直接办理和复查平反 130 多名副省、副部级以上干部的大案要案，大批在"文化大革命"中被打倒的中央和地方领导干部，受到冤屈的各条战线的专家、劳动模范、先进工作者恢复了名誉，重新走上工作岗位。

在拨乱反正中，国家政治生活恢复正常。1978 年 2 月 26 日至 3 月 5 日，五届全国人大一次会议在北京召开。大会通过了修改后的《中华人民共和国宪法》，通过了关于政府工作报告的决议，通过了中华人民共和国国歌；审议同意了《1976 年至 1985 年发展国民经济十年规划纲要（草案）》。会议选举叶剑英为全国人大常委会委员长，宋庆龄等 20 人为副委员长；选举江华为最高人民法院院长，黄火青为最高人民检察院检察长；决定华国锋为国务院总理，邓小平等为副总理。1978 年 2 月 24 日至 3 月 8 日，全国政协五届一次会议在北京举行。会议选举邓小平为全国政协主席，乌兰夫等 22 人为副主席。

为了调动一切积极因素，党和政府加强了对少数民族和边疆地区的工作，加强了对台、港、澳的工作，"文化大革命"中被严重破坏的统战工作逐步得到恢复。妇联、工会、共青团等组织在 1978 年下半年也先后召开全国代表大会，恢复正常活动。

为恢复和发展经济，从 1976 年年底开始，中共中央和国务院先后召开农业、计划、铁路、工业、财贸、煤电、运输、粮食等全国性会议，采取了一系列积极措施，使国民经济出现恢复性增长。1978 年，在遭到严重自然灾害的情况下，粮食产量达到 30477 万吨，为历史最高水平，国内生产总值达到 3624.1 亿元，

比上年增长 11.7%。但是，在经济建设的指导思想和具体行动上
出现了追求高指标、快速度的急于求成倾向，导致了国民经济比
例失调。

二、真理标准问题大讨论

邓小平等对实事求是的大力倡导，进一步引起人们对"两个
凡是"观点的质疑。1978 年 5 月 10 日，经胡耀邦审阅定稿，中
央党校内部刊物《理论动态》刊登《实践是检验真理的唯一标准》
一文。5 月 11 日，《光明日报》以特约评论员名义将这篇文章公
开发表，新华社全文转发。随后，《人民日报》及全国绝大多数省、
市、自治区报纸也都陆续转载。这篇文章从理论上根本否定了"两
个凡是"的错误方针，在全国引起强烈反响。

当真理标准问题的讨论遇到很大阻力时，对"实践是检验真

1978 年 5 月 11 日，《光明日报》以特约评论员名义发表《实践是检验真理的唯一标准》
后，新华社当天全文转发。

理的唯一标准"的观点，邓小平等给予了有力支持。6月2日，邓小平在全军政治工作会议上批评了把坚持实事求是说成是"犯了弥天大罪"的怪论，强调指出："我们也有一些同志天天讲毛泽东思想，却往往忘记、抛弃甚至反对毛泽东同志的实事求是、一切从实际出发、理论与实践相结合的这样一个马克思主义的根本观点，根本方法。"邓小平的讲话被作为中央文件下发，对真理标准问题讨论和实际工作起到巨大促进作用。

随着真理标准问题讨论的深入，邓小平还对一些给这场讨论设置障碍的单位和负责人提出批评，以确保真理标准问题讨论沿着正确方向健康发展。到1978年下半年，真理标准问题讨论逐渐进入高潮。真理标准问题大讨论冲破了"两个凡是"的禁区，促进了人们思想解放，为重新确立马克思主义的思想路线、政治路线和组织路线奠定了理论基础，为全面推进拨乱反正、顺利实现党和国家工作重点转移创造了条件，为实现伟大的历史性转折做了思想上的重要准备。

为进一步推动了解世界、学习外国先进经验，从1977年下半年起，国务院一些部委先后派出考察团前往西方国家考察。1978年上半年，中央又派出两个代表团出国考察。其中一个是由国务院副总理谷牧率领的代表团，先后出访法国、瑞士、比利时、丹麦、联邦德国。这是中国首次向西方国家派出的国家级政府经济代表团。出访前，邓小平专门听取谷牧等的汇报，并嘱咐说：要看看人家的现代工业发展到什么水平了，也看看他们的经济工作是怎么管的。资本主义国家先进的经验、好的经验，我们应当把它学回来。这些考察、出访，特别是谷牧率领代表团出访，对于党和国家下决心实行对外开放起了重要的推动作用。

在真理标准问题讨论的同时，国务院于1978年下半年先后召开了务虚会和全国计划会议。会议中酝酿和提出的开放、改革思想，以及当时在一些工业部门和部分农村出现的改革尝试，为中共十一届三中全会后大规模改革开放积累了经验，做了必要的准备。

三、中共十一届三中全会的召开

1978年12月18日至22日，中共十一届三中全会在北京举行。会前，在11月10日至12月15日召开了中央工作会议，妥善解决了为天安门事件等"文化大革命"中及其以前遗留的重大错案平反问题，邓小平在会议闭幕会上发表《解放思想，实事求是，团结一致向前看》的讲话。

邓小平的这篇讲话突出强调"解放思想是当前的一个重大政治问题"，高度评价真理标准讨论的意义，指出："只有解放思想，坚持实事求是，一切从实际出发，理论联系实际，我们的社会主义现代化建设才能顺利进行，我们党的马列主义、毛泽东思想的理论也才能顺利发展。"讲话强调民主是解放思想的重要条件，指出："为了保障人民民主，必须加强法制。必须使民主制度化、法律化，使这种制度和法律不因领导人的改变而改变，不因领导人的看法和注意力的改变而改变。"还要求做到有法可依，有法必依，执法必严，违法必究。讲话还提出，处理历史遗留问题为的是向前看，指出：毛泽东同志在长期革命斗争中立下的伟大功勋是永远不可磨灭的。"没有毛主席就没有新中国，这丝毫不是什么夸张。""我们要完整地准确地理解和掌握毛泽东思想的科学原理，并在新的历史条件下加以发展。"在谈到要研究新情况、解决新问题时，讲话强调："实现四个现代化是一场深刻的伟大的革命。在这场伟大的革命中，我们是在不断地解决新的矛盾中前进的。因此，全党同志一定要善于学习，善于重新学习。"这篇讲话实际成为中共十一届三中全会的主题报告。

中共十一届三中全会是在党和国家面临向何处去的重大历史关头召开的。全会果断地停止使用"以阶级斗争为纲"的口号，作出把党和国家工作中心转移到经济建设上来、实行改革开放的决策。全会指出，实现四个现代化，要求大幅度地提高生产力，也就必然要求多方面地改变同生产力发展不适应的生产关系和上层建筑，改变一切不适应的管理方式、活动方式和思想方法，因而是一场广泛而深刻的革命。全会指出，在经济建设问题上，必须采取一系列新的重大措施，对经济管理体制和经营管理方法着手认真地改革，在自力更生的基础上积极发展同世界各国平等互利的经济合作，努力采用世界先进技术和先进设备，并大力加强实现现代化所必需的科学和教育工作。

全会认真地讨论了"文化大革命"中发生的一些重大政治事件，也讨论了"文化大革命"前遗留下来的某些历史问题，审查和解决了历史上一批重大冤假错案和一些重要领导人的功过评价问题，强调要坚决地平反假案、纠正错案、昭雪冤案。全会重新确立了实事求是的思想路线，高度评价关于实践是检验真理的唯一标准问题的讨论，为展开大规模拨乱反正奠定了思想基础。全会决定，根据党的历史经验教训，要健全党的民主集中制，健全党规党法，严肃党纪。全会增选陈云为中央政治局委员、中央政治局常委、中共中央副主席；增选邓颖超、胡耀邦、王震为中央政治局委员。决定增补9位同志为中央委员。全会决定成立中央纪律检查委员会，选举陈云为中央纪律检查委员会第一书记。

1979 年 3 月 30 日，邓小平在理论工作务虚会上发表《坚持四项基本原则》的讲话。

　　中共十一届三中全会从根本上冲破了长期"左"倾错误的束缚，结束了粉碎"四人帮"以来党的工作在徘徊中前进的局面，标志着党和国家重新确立了马克思主义的思想路线、政治路线、组织路线。全会实际上确立了邓小平在党的第二代中央领导集体中的核心地位，实现了新中国成立以来具有深远意义的伟大转折，开启了改革开放的历史新时期。

　　在拨乱反正过程中，党内外思想活跃、生动活泼的政治局面开始出现。但也发生否定党的领导、否定社会主义道路的错误思潮。针对这种情况，1979 年 3 月 30 日，邓小平在全国理论工作务虚会上发表《坚持四项基本原则》的讲话，指出：我们要在中国实现四个现代化，必须在思想政治上坚持四项基本原则。这是实现四个现代化的根本前提。四项基本原则是：第一，必须坚持社会主义道路；第二，必须坚持无产阶级专政（即人民民主专政）；第三，必须坚持共产党的领导；第四，必须坚持马列主义、毛泽东思想。四项基本原则的提出，明确了党和国家的立国之本，对确保改革开放和社会主义现代化建设的正确方向起到了重要作用。

四、《关于建国以来党的若干历史问题的决议》的通过

中共十一届三中全会后，大规模清理冤假错案的工作全面展开。经过大量切实的调查研究，1980 年 2 月召开的中共十一届五中全会决定为原中共中央副主席、中华人民共和国主席刘少奇彻底平反昭雪。在此前后，陆续为遭受冤屈的其他党和国家领导人、各族各界的领袖人物恢复了名誉，肯定了他们在长期革命斗争中为党和人民建树的历史功勋。还在全国复查和平反了大量的冤假错案，改正了错划"右派分子"的案件。

党和国家还实事求是地处理历史遗留问题，调整各种社会关系。根据形势发展的需要和社会的实际情况，制定了一系列政策，对新中国成立以来受阶级斗争扩大化错误影响而造成的历史遗留问题，有步骤地进行了清理和解决，宣布原工商业者已改造为劳动者，把原为劳动者的小商小贩、手工业者从原资产阶级工商业者中区别出来，为已改造成为劳动者的绝大多数原地主、富农分子改定了成分。支持各民主党派恢复活动，切实落实民族政策和宗教政策，全面落实各项侨务政策，并为原国民党起义投诚人员

落实了政策。

中共十一届三中全会后，全国人民迫切要求依法对林彪、江青反革命集团进行审判。1980 年 2 月，中共中央决定成立"两案"审判指导委员会和工作小组，作为中共中央对林彪、江青反革命集团进行审判的党内指导机构。经过司法部门近 5 个月的侦查、预审和检察，林彪、江青一伙触犯国家刑律的问题已全部查清。1980 年 9 月 26 日，中共中央发出《关于审判林彪、江青反革命集团的通知》。同年 9 月 29 日，五届全国人大常委会第十六次会议通过《关于成立最高人民检察院特别检察厅和最高人民法院特别法庭检察、审判林彪、江青反革命集团案主犯的决定》，任命最高人民检察院检察长黄火青兼任特别检察厅厅长，最高人民法院院长江华兼任特别法庭庭长。11 月 20 日至 12 月 29 日，进行法庭调查和法庭辩论。对林彪、江青反革命集团案 10 名主犯的审判，从 1980 年 11 月 20 日正式开庭到 1981 年 1 月 25 日进行终审宣判，历时两个多月，江青、张春桥、王洪文、姚文元、陈伯达、黄永胜、吴法宪、李作鹏、邱会作、江腾蛟分别受到法律惩处。有关省、市人民法院和中国人民解放军军事法院分别对两个集团的骨干成员进行了审理和判决。对林彪、江青反革命集团的审判，代表了人民的意愿，显示了社会主义法制的威严。1981 年 3 月 3 日, 在五届全国人大常委会第十七次会议上, 江华作了《最高人民法院特别法庭关于审理林彪、江青反革命集团案的情况报告》。会议 3 月 6 日通过决议，决定撤销特别检察厅和特别法庭。

在认真平反冤假错案的同时，对新中国成立以来的历史进行科学总结，被提上了重要议事日程。1979 年 9 月 29 日，叶剑英代表中共中央、全国人大常委会和国务院在庆祝中华人民共和国成立 30 周年大会上发表讲话，对新中国成立以来的历史经验教训作了比较深入的总结。

1979 年 10 月下旬，中共中央政治局常委会决定着手起草建国以来党的若干历史问题的决议。起草工作由邓小平主持，胡耀邦、胡乔木、邓力群组织实施。1980 年 3 月 19 日，邓小平在同起草小组负责人的谈话中提出起草历史决议的三条总的要求：第一，确立毛泽东的历史地位，坚持和发展毛泽东思想。这是最核心的一条。第二，对新中国成立 30 年来历史上的大事，哪些是正确的，哪些是错误的，要进行实事求是的分析，包括一些负责同志的功过是非，要作出公正的评价。第三，通过这个决议对过去的事情作个基本的总结。这个总结宜粗不宜细。"总结过去是为了引导大家团结一致向前看。"

历史决议的起草工作，从 1980 年 3 月正式启动。同年 9 月，提交各省、市、自治区党委第一书记座谈会讨论。从 10 月中旬至 11 月下旬，中共中央政治局组织全党 4000 多名高级干部讨论。随后，又经过多次修改和讨论。直至 1981 年 5 月中共中央政治局扩大会议原则通过后，提交中共十一届六中全会审议。

1981 年 6 月 27 日至 29 日，中共十一届六中全会在北京举行。全会同意华国锋辞去中央委员会主席和中央军事委员会主席职务的请求；选举胡耀邦为中央委员会主席，邓小平为中央军事委员会主席；审议通过了《关于建国以来党的若干历史问题的决议》（以下简称《决议》）。《决议》共分 8 个部分，回顾了新中国成立以前 28 年的历史，对新中国成立以来 32 年的历史作出基本估计，随后分别回顾并评价了基本完成社会主义改造时期、开始全面建设社会主义时期、"文化大革命"时期的重大历史事件，从根本上否定了"文化大革命"的理论与实践，扼要地回顾了十一届三中全会以来的历史伟大转折，科学评价

1981 年 6 月 27 日，在中共十一届六中全会上，《关于建国以来党的若干历史问题的决议》草案经讨论获得一致通过。

并充分肯定毛泽东的历史地位和毛泽东思想作为党的指导思想的伟大意义，深刻总结十一届三中全会以来逐步确立的适合中国情况的社会主义现代化建设道路，为团结起来、建设社会主义现代化强国指明了方向。

《决议》的通过，标志着中国共产党在指导思想上拨乱反正历史任务的顺利完成，为沿着正确轨道开创中国特色社会主义做出不可磨灭的历史贡献。

第二节　调整国民经济和经济体制改革起步

一、以调整为中心的"八字方针"的提出和贯彻

由于持续 10 年的"文化大革命"在经济方面积累的矛盾和 1978 年经济工作中的急于求成倾向，造成国民经济重大比例关系失调。主要表现在以下六大比例关系上：农业与工业比例上，农业发展严重滞后于工业；轻工业与重工业比例上，轻工业长期落后，市场供应紧张；燃料动力工业与其他工业比例上，发电、煤炭、石油、钢材、铁路运输、港口装卸满足不了需求；积累与消费比例上，积累占国民收入的比例过高；外汇收支比例上，对外引进增长过快，外汇收支严重不平衡；需就业人口与就业岗位比例上，就业岗位严重不足。

针对上述问题，中共中央政治局于 1979 年 3 月 21 日至 23 日召开会议，讨论国民经济调整问题和 1979 年国民经济计划，提出了以调整为中心，包括改革、整顿、提高的新的"八字方针"，决定用三年时间对国民经济进行调整。会前，3 月 14 日，陈云、

李先念致信中共中央，就当前财经工作提出 6 点意见，主要有：前进的步子要稳，国民经济能做到按比例发展就是最快的速度，现在的国民经济没有综合平衡，比例失调的情况相当严重等。3 月 27 日，中共中央决定，在国务院下设立财政经济委员会，作为研究制定财经方针政策和决定财经工作大事的决策机关。由陈云任主任，李先念任副主任。

1979 年 4 月 5 日至 28 日，中共中央在北京召开工作会议，主要讨论经济调整问题。李先念受中共中央、国务院委托在会上发表《关于国民经济调整问题》的讲话，分析了当时的经济形势和调整国民经济的必要性、主要任务、原则、措施等重大问题，提出今后三年经济工作的方针是："调整、改革、整顿、提高。边调整边前进，在调整中改革，在调整中整顿，在调整中提高。"会议正式通过了中共中央政治局提出的"八字方针"及调整后的 1979 年国民经济计划（草案）和中央《关于调整国民经济的决定》等相关文件，正式决定用三年时间进行国民经济调整。

在 1979 年和 1980 年的经济调整中，主要采取了以下措施：一是调整农村和农业政策，制定和实施了发展农村经济的 25 项政策措施，主要有维护集体经济的所有权和自主权；鼓励农民发展多种经营；加强国家对农业的支援；提高主要农副产品收购价等；二是加快轻纺工业发展，在基建投资、技改资金、银行贷款、原料供应等方面对轻纺工业实行优先政策；三是大幅度增加城镇居民收入，采取了扩大就业规模、提升工资级别、发放副食价格补贴、实行奖金制度、增加科教文卫及城市建设等非生产性投资等措施；四是对国民经济计划中的主要产品产量及基建投资、财政收入、外汇收入等指标作了必要的压缩和调整。

两年的调整工作取得了一定成效，重大比例关系开始向好的方向发展，部分经济效益有所提高，但存在的问题并未完全解决。由于财政赤字过大、基本建设战线过长、货币发行过多、物价上涨过快，从全局看潜伏着相当大的危险，如不采取坚决措施，财政金融状况将进一步恶化。

针对存在的问题，1980年12月16日至25日，中共中央在北京召开工作会议，研究部署国民经济进一步调整问题。陈云就经济和调整问题讲了14点意见，指出：好事要做，又要量力而行。我们要改革，但是步子要稳。从试点着手，随时总结经验，也就是要"摸着石头过河"。邓小平在会议闭幕时发表《贯彻调整方针，保证安定团结》的讲话，明确了经济上进一步调整、政治上进一步安定的工作方针。会议对进一步调整提出三条要求：一是基本上做到财政收支平衡，1981年把财政赤字缩小到50亿元左右；二是基本实现信贷收支平衡，1981年增发货币控制在30亿元左右；三是把物价基本稳定下来。简称"两平一稳"。

1981年的进一步调整主要采取了以下措施：一是压缩基建规模，国务院作出《关于加强基本建设计划管理，控制基本建设投资规模的若干规定》，强调基本建设必须实行高度的集中统一。1981年实际完成基建投资由1980年的559亿元减至443亿元，压缩20.8%；二是加强财政信贷管理，稳定市场物价。国务院作出《关于平衡财政收支，严格财政管理的决定》、《关于切实加强信贷管理严格控制货币发行的决定》。1981年12月13日，五届全国人大四次会议通过《关于〈当前的经济形势和今后经济建设的方针〉报告的决议》，要求国务院进一步加强财政、信贷和物价管理；三是缩短工业生产战线，压缩长线产品，对产品质量次、能耗高、没有销路、长期亏损的企业实行关停并转；四是进一步放宽农村经济政策，继续加快农业发展；五是优先保证轻纺工业发展，采取"重转轻"、"军转民"、"长转短"等形式调整产品结构；六是正确处理调整与改革的关系，在坚持以调整为中心的基础上，对有利于调整的改革举措抓紧试验；七是压缩预算内基建投资、国防费、行政管理费等财政支出 80 亿元，将地方节余的 80 亿元借给中央使用，以弥补财政亏空。到 1981 年年底，国民经济基本达到了"两平一稳"的要求，财政赤字缩减到 25.5 亿元，国家银行存贷款差额为 760 亿元，零售物价上涨指数从上年的 6% 降为 2.4%。

1979 年至 1983 年，通过经济调整，国民经济主要比例关系趋向协调，积累率从 1978 年的 36.5% 降为 1983 年的 30%。5 年间，国内生产总值年增长率达到 8.1%，职工平均工资年递增 2.8%，城镇居民可支配收入年递增 7.2%，农村居民人均纯收入年递增 14.7%。经济调整任务的基本完成，为加快经济发展和经济体制改革提供了有利条件。

二、农村改革先行突破和农村经济快速发展

中共十一届三中全会提出，必须集中主要精力把农业尽快搞上去。为此，必须首先调动我国几亿农民的社会主义积极性，必须在经济上充分关心他们的物质利益，在政治上切实保障他们的民主权利。全会提出要切实保护农业经营单位的所有权和自主权，重申社员自留地、家庭副业和集市贸易是社会主义经济的必要补充部分，宣布全国粮食征购指标继续稳定在"一定五年"的基础上不变，并较大幅度提高粮食统购价格和农副产品的收购价格，

降低农用工业品的出厂价格和销售价格，把降低成本的好处基本上给农民。全会还讨论了建立现代化的农林牧渔业基地、积极发展农村社队工副业等问题。

全会同意将《中共中央关于加快农业发展若干问题的决定（草案）》和《农村人民公社工作条例（试行草案）》发到各省、市、自治区讨论和试行。这两个文件，提出调整农村政策、减轻农民负担、增加农民收入、加快农业发展等一系列政策措施。其中一项重要政策，就是要求认真执行各尽所能、按劳分配的原则，加强劳动定额管理，建立严格的生产责任制和必要的奖惩制度，坚决纠正平均主义。1979 年 1 月，这两个文件下发各地试行，推动了农村改革浪潮的兴起。

1979 年 2 月召开的五届全国人大常委会第六次会议决定成立国家农业委员会（简称国家农委），国家农委是国务院指导农业建设的职能机构，同时也兼任中共中央委托的农村工作任务。

在农村改革方面，农业大省安徽、四川走在全国前列，在前期试点的基础上开始试行"包产到组"、"以产记工"、"超额奖励"等责任制形式。全国不少省、市、自治区也随之开始尝试各种不同形式的农业生产责任制。

1979 年 6 月，安徽省小麦丰收，总产量创历史最高水平。图为凤阳县城北公社社员在喜收小麦。

到 1979 年冬，安徽省实行包产到组的生产队，已经达到生产队总数的 61.6％，四川省达到 57.6％。到 1980 年 3 月，全国实行包产到组的生产队达到生产队总数的 28％。

在此过程中，以安徽省凤阳县梨园公社小岗生产队为主要代表，部分地区农民自发地搞起了包产到户、包干到户的尝试。特别是包干到户的"大包干"办法，把农民生产经营的自主权、积极性同生产成果直接联系起来，简便易行，受到农民群众的欢迎，增产效果特别突出。农民把这种办法概括为："保证国家的，留够集体的，剩下都是自己的。"

邓小平、陈云等中央领导率先表明了对包产到户、包干到户的支持态度。1980 年 9 月，中共中央召集各省、市、自治区党委第一书记座谈会，集中讨论农业生产责任制问题。会上印发了邓小平赞扬安徽省"双包制"的谈话，形成了《关于进一步加强和完善农业生产责任制的几个问题》的纪要。这个纪要改变了过去不准搞包产到户的提法，明确可以包产到户，也可以包干到户，并在一个较长时间内保持稳定。从此，家庭联产承包责任制从初步推行阶段进入大发展阶段。

1982 年 11 月底，五届全国人大五次会议上的《关于第六个五年计划的报告》把大包干概括为"家庭（或小组）承包的责任制形式"。

1982 年、1983 年、1984 年，中共中央连续以当年一号文件形式发出关于农村工作的文件，把包产、包干到户称为"家庭联产承包责任制"和"在党的领导下中国农民的伟大创造"，把土地承包期延长到 15 年以上。到 1984 年年底，全国实行"大包干"的农村生产队达到 563.6 万个，占生产队总数的 99％；农户数达到 18145.5 万户，占农户总数的 96.6％。

农村集贸市场兴旺发展。

农村改革和农村政策调整，使中国农村经济发展出现了农业社会主义改造基本完成以后少有的好形势。1979 年至 1984 年，全国农业总产值年均递增 8.9%，人均占有粮食由 1978 年的 318.5 公斤增加到 1984 年的 395.5 公斤，主要农副产品产量大幅增长，林业、牧业、渔业和其他农副产业也得到较大发展，市场供应明显好转，初步改变了农副产品供给长期短缺的被动局面。在 1984 年 10 月 1 日新中国成立 35 周年国庆游行队伍中，农民伴随着"中央一号文件好"的巨型标语牌通过天安门广场，成为对农村改革和农业发展成就的形象反映。

随着农村改革的推进，政社合一的人民公社体制已不适应农村发展要求。1979 年 8 月，四川省广汉县进行人民公社管理体制改革试点，主要是将"政社合一"改为"政社分开"。1982 年 12 月，五届全国人大五次会议通过的《中华人民共和国宪法》规定，在县以下乡、民族自治乡、镇设立人民代表大会和人民政府，作为地方国家权力机关和行政机关；农村居民按居住地区设立村民委员会，作为基层群众性自治组织。在总结试点经验基础上，中共中央、国务院于 1983 年 10 月 12 日发出《关于实行政社分开，建立乡政府的通知》，要求有领导、有步骤地实行政社分开，建立乡政府，同时按乡建立乡党委；由村民民主选举产生村民委员会，村委会应统管村级生产建设工作。农村基层组织变革到 1985 年全部完成，全国共建立乡、民族自治乡、镇人民政府 9.2 万多个，建立村民委员会 82 万多个，初步改变了农村中党政不分、政企不分的状况。

农村的改革发展带动了乡镇企业异军突起。1984 年以前，乡镇企业称为社队企业。1984 年 3 月，中共中央、国务院转发农牧渔业部《关于开创社队企业新局面的报告》并发出通知，决定将社队企业改称乡镇企业，强调了发展农村多种经营和乡镇企业的重要意义，要求对乡镇企业给予积极的引导和必要的支持。到 1984 年年底，乡镇企业数达到 606.52 万个，比上年增长 3.5 倍；就业人数 5208.11 万人，比上年增长 61%；总产值 1709.89 亿元，比上年增长 68.2%；上缴国家税金 79.1 亿元，比上

1980 年 4 月 8 日，四川省广汉县向阳人民公社在全国率先摘下人民公社的牌子，挂上乡人民政府的牌子。

年增长 34.3%，呈现出蓬勃发展的大好势头。

三、城市经济体制改革的试验和探索

中共十一届三中全会提出，现在我国经济管理体制的一个严重缺点是权力过于集中，应该让地方和工农业企业在国家统一计划的指导下有更多的经营管理自主权；应该着手大力精简各级经济行政机构，把它们的大部分职权转交给企业性的专业公司或联合公司。全会还提出，要认真解决党政企不分、以党代政、以政代企的现象，实行分级分工分人负责，加强管理机构和管理人员的权限和责任，认真实行考核、奖惩、升降等制度。

1979 年 3 月，国务院财政经济委员会成立，开始对经济体制改革进行调研工作，并于同年 12 月 3 日向国务院提交《关于经济管理体制改革总体设想的初步意见》。1980 年 5 月，国务院决定成立体制改革办公室，起草了《关于调整时期的改革意见》，几经修改形成《经济体制改革的总体规划》，并于 1982 年 2 月定稿。这两个改革方案，对经济体制改革起了推动作用。1981 年 12 月，五届全国人大四次会议审议通过的《政府工作报告》提出了经济体制改革的基本方向：在坚持实行社会主义计划经济的前提下，发挥市场调节的辅助作用；对于带全局性的、关系国计民生的经济活动，加强国家集中统一领导；注意运用经济杠杆、经济规律来管理经济等。1982 年 5 月，国家经济体制改革委员会成立，经济体制改革在全国开展起来。

在国务院有关部门开始对经济体制改革进行规划论证的同时，改革的试点工作也逐步开展。首先开始的是扩权让利改革。

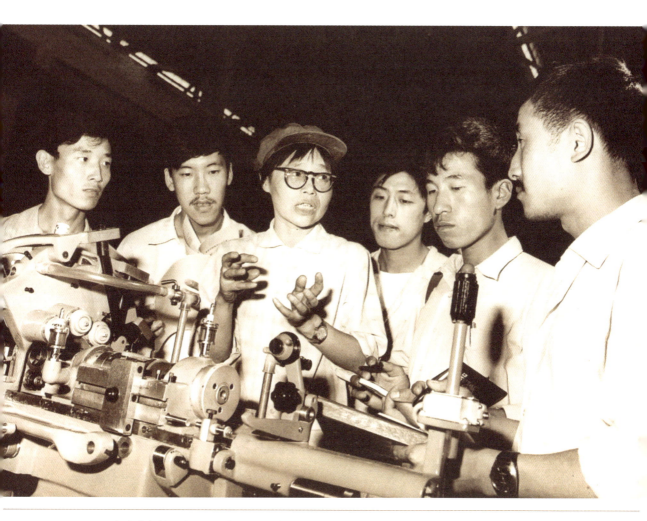

率先进行扩大企业自主权的经济体制改革试点单位四川宁江机床厂职工在讨论生产
问题。

1978 年 10 月，四川首先在重庆钢铁公司、成都无缝钢管厂等 6
家企业进行扩权让利试点。1979 年，又将试点企业扩大到 100 家。
1979 年 5 月，国家经委、财政部等部门决定在京、津、沪选择首
都钢铁公司、天津自行车厂、上海汽轮机厂等 8 个企业进行扩权
改革试点。为规范扩权试点工作，国务院于 1979 年 7 月颁布《关
于扩大国营工业企业经营管理自主权的若干规定》、《关于国营
企业实行利润留成的规定》等文件，要求各地区、各部门选择少

数企业进行试点。

随着农村联产承包责任制的成功，国家经委推广山东等省市的经验，将盈亏包干引入扩权让利改革，并将其进一步发展为工业生产经济责任制。1981年10月29日，国务院批转国家经委、国务院体制改革办公室《关于实行工业生产经济责任制若干问题的意见》，提出国家对企业实行经济责任制有三种类型：利润留成；盈亏包干；以税代利、自负盈亏。随后，又针对存在的问题，1981年11月11日，国务院批转国务院体制改革办公室等职能部门制定的《关于实行工业生产经济责任制若干问题的暂行规定》；1982年11月8日，国务院又批转国家体改委、国家经委、财政部《关于当前完善工业经济责任制的几个问题》，将完善经济责任制的重点放在企业内部责任制上来，在一定程度上解决了企业吃国家、职工吃企业"两个大锅饭"的问题。

以扩权让利、推行责任制为主要内容的企业改革，初步打破了现行管理体制的束缚，使企业开始拥有一定的经营管理权和自主财力，但也存在着争基数、闹比例、钻空子等问题。为进一步规范国家同企业的分配关系，从1983年起，实行了分两步走将国营企业向国家上缴利润改为缴纳税金的改革，即"利改税"改革。"利改税"采用世界各国通行的以税法、税率的做法来规范国家和企业分配关系，国营企业由原来向国家上缴利润改为缴纳税金，使税收在国家财政收入中的比重从1978年的46.3%上升为1984年的63.1%，但也存在着对国营企业征税过高（税率为55%）等问题。

为解决好经济生活中城乡分割、条块分割、领导多头、互相牵制等问题，从1981年开始，在中央统一部署下先后在湖北沙市、江苏常州市、四川重庆市进行综合经济体制改革试点。
为了在更大范围内解决条块分割，合理地组织经济活动，国务
院于 1982 年先后批准成立上海经济协作区（包括江、浙两省 10
个城市）、山西能源重化工基地和东北能源交通协作中心等。
到 1984 年，国家体改委确定 58 个大中城市进行发挥城市综合
功能等改革试点。到 1984 年，有重庆、武汉、大连、杭州、沈阳、
南京、哈尔滨、广州、西安等 9 个省会或大城市实行计划单列，
享有省级管理权限，着重发挥大中城市在组织经济方面的作用。

　　发展多种经济形式，最初是从解决城镇劳动就业问题考虑的。
当时，全国有 1000 多万上山下乡知识青年陆续回城，大批在平
反冤假错案中落实政策的人需要重新安置，新成长起来的城市劳
动力也面临就业问题，全国待业人员达 2000 多万人。这是一个
直接关系群众切身利益和国家安定团结的重大问题。为此，1979
年 4 月的中央工作会议提出了"广开就业门路"的思想。1981 年
7 月 7 日，国务院作出《关于城镇非农业个体经济若干政策性规
定》，认为发展城镇个体经济对于发展生产、活跃市场、满足人
民生活的需要、扩大就业，都有着重要的意义。1981 年 10 月，
中共中央、国务院在《关于广开门路，搞活经济，解决城镇就业
问题的若干决定》中首次提出"多种经济形式并存"，明确指出：
"在社会主义公有制经济占优势的根本前提下，实行多种经济形
式和多种经营方式长期并存，是我党的一项战略决策。"1983 年
3 月 5 日，中央发出《关于发展城镇零售商业、服务业的指示》；
4 月 13 日，国务院分别作出《关于城镇劳动者合作经营的若干规
定》和《〈关于城镇非农业个体经济若干政策性规定〉的补充规
定》，指出应把积极发展集体和个体零售商业、服务业作为今后
发展商业、服务业的一个基本指导思想，并对发展城镇合作经济、

1983 年 2 月 21 日，邓小平视察上海虹口区曲阳新村知青合作商店，了解蔬菜价格、销售和经营性质等情况。

个体经济作出行政法规式的规范。适当的政策扶植和相对宽松的社会环境，推动了集体经济和个体经济迅速发展。1984 年集体工业企业达到 35.21 万个，比 1978 年增长 33%。城镇个体工商户人数从 1978 年的 15 万人增加到 1984 年的 339 万人，增长 21.6 倍。1984 年集体商业机构达 159.4 万个，比 1978 年增长 63.7%。个体商业网点从 1978 年的 17.8 万个增加到 1984 年的 728.1 万个，增长 39.9 倍。

国家在财政、税收、金融等领域也采取了多项改革措施。为了解决中央与地方的分配关系，扩大地方权限，1980 年 2 月，国务院决定在大多数省市实行"划分收支、分级包干"（简称"分灶吃饭"）的财政管理体制，这是新中国成立后财政体制的一次重大改革。这种体制，财权与事权、权利和责任比较明确，改变了过去全国"统收统支"的财政体制。为了明确经济责任和利益，国家基本建设投资由财政拨款改为银行贷款，简称"拨改贷"。这项改革措施于 1979 年 8 月试点。从 1981 年起，国务院决定凡具有还款能力的企业都实行拨改贷，后又决定，从 1985 年起所有预算内基建投资全部实行拨改贷。在金融方面，从 1979 年起，先后恢复或单独设立中国农业银行、中国银行、中国人民建设银行（1979 年改为专司基建贷款，后改称中国建设银行）、中国工商银行四个专业银行，中国人民银行专门行使中央银行职能，形成了以中央银行为领导，包括四大专业银行的新的金融体系。

四、对外开放格局的初步形成

中共十一届三中全会后，中国在对外开放过程中始终坚持以下原则：一是以独立自主、自力更生为主；二是吸收资本主义国家先进的东西，批判他们腐朽没落的制度和思想；三是对外开放应有利于民族经济的发展；四是对外开放要把国家经济安全放在首位，确保国家对影响国计民生的重要经济部门的控

鸟瞰今天的深圳经济特区。

制。国家在推进对外开放的初期主要采取了四种途径和方法：
一是改革外贸体制，发展对外贸易；二是引进先进技术，引进
先进经济管理经验；三是利用外资；四是创办经济特区。

　　按照这样的思路，这一时期在对外开放方面迈出了两大步。
一是党中央和国务院于 1979 年 7 月决定允许广东、福建两省的
对外经济活动实行特殊政策和灵活措施。二是决定在深圳、珠海、
汕头、厦门设置经济特区。此外，1980 年 4 月经国家外国投资管

理委员会批准，成立了首批中外合资企业。①同月，中日双方签
订关于 1979 年度日方提供 500 亿日元贷款的协议。这成为改革
开放后中国政府获得的第一笔外国政府长期低息贷款。对外贸易
体制，围绕下放部分经营权、扩大贸易渠道、促进贸工结合、改
革宏观管理等，进行了初步改革，取得一定成效。

兴办经济特区，是影响最为深远的重大决策。1979 年 4 月
的中共中央工作会议期间，中共广东省委提出建议，希望中央
下放若干权力，让广东在对外经济活动中有较多的自主权，允
许在毗邻港澳的深圳、珠海和重要侨乡汕头举办出口加工区。
中共福建省委也提出了类似建议。邓小平在听取汇报后指出："可
以划出一块地方，叫做特区。陕甘宁就是特区嘛。中央没有钱，
要你们自己搞，杀出一条血路来。" 6 月上旬，广东省委、福建
省委分别向中央写出报告。7 月 15 日，中共中央、国务院批转
了广东省委、福建省委的报告，同意两省在对外经济活动中实
行特殊政策和灵活措施，在经济发展上先走一步，同时试办"出
口特区"。1980 年 5 月 16 日，中共中央、国务院批转《广东、
福建两省会议纪要》，正式将"出口特区"定名为"经济特区"，
决定"特区主要是实行市场调节"，"主要是吸收侨资、外资
进行建设"。为了给举办特区提供基本的法规性文件，8 月 26
日，五届全国人大常委会第十五次会议决定批准《广东省经济
特区条例》。随后，广东、福建两省的 4 个经济特区相继投入
开发建设。到 1984 年年底，深圳、珠海、汕头、厦门 4 个特区
与外商签订的各种经济合作协议已达 4700 多项，协议投资额达
40 亿美元，已实际投入使用 8.4 亿美元，占全国利用外资总额

---

①　首批成立的中外合资企业共有 3 个，即：北京航空食品有限公司、长城饭店、建国饭店。

1984年2月1日，邓小平在广州为深圳特区题词：深圳的发展和经验证明，我们建立经济特区的政策是正确的。

的 1/5。发展最快的是深圳，1984 年特区工业产值达 13 亿元（含宝安为 18 亿元），比 1979 年增长 20 倍；财政收入 4.5 亿元，比 1979 年增长 10.6 倍。中国创办经济特区是在社会主义国家的首创，特区是窗口，是技术的窗口，知识的窗口，管理的窗口，对外政策的窗口。建设特区对加速中国社会主义现代化建设和改革开放有着非常重大的意义。

　　1984 年 1 月 24 日至 2 月 6 日，邓小平视察深圳、珠海、厦门 3 个经济特区并分别题词，肯定了经济特区的发展经验。2 月 24 日，邓小平在北京同几位中央负责同志谈话指出："除现在的特区之外，可以考虑再开放几个港口城市。"3 月 26 日至 4 月 6 日，中共中央书记处、国务院在北京召开沿海部分城市座谈会。5 月 4 日，中共中央、国务院批转《沿海部分城市座谈会纪要》，确定进一步开放天津、上海、大连、秦皇岛、烟台、青岛、连云港、南通、宁波、温州、福州、广州、湛江和北海 14 个沿海港口城市。这一重大决策，使兴办经济特区向沿海港口城市对外开放拓展，对加快沿海地区经济发展具有重要战略意义。

第三节 政治体制改革和民主法制建设

一、政治体制改革的初步实践

在认真总结"文化大革命"的沉痛教训中，党和国家认识到在进行经济体制改革的同时，必须坚定不移地推进政治体制改革。1980年8月18日，邓小平在中共中央政治局扩大会议上发表《党和国家领导制度的改革》的重要讲话，系统总结党和国家领导体制、领导制度方面的经验和教训，明确提出政治体制改革的目标、任务和要求。

邓小平在讲话中指出：改革党和国家领导制度及其他制度，是为了充分发挥社会主义制度的优越性，加速现代化事业的发展。当前和今后一个时期，主要应当努力实现以下三个方面的要求：经济上，迅速发展社会生产力，逐步改善人民的物质文化生活；政治上，充分发扬民主；组织上，大量培养、发现、提拔、使用坚持四项基本原则的、比较年轻的、有专业知识的社会主义现代化建设人才。党和国家的各项制度好不好，完善不完善，必须用

是否有利于实现这三条来检验。在谈到党和国家现行的一些具体
制度中存在的弊端时指出：从党和国家的领导制度、干部制度方
面来说，主要弊端就是官僚主义现象，权力过分集中的现象，家
长制现象，干部领导职务终身制现象和形形色色的特权现象。讲
话特别强调：领导制度、组织制度问题更带有根本性、全局性、
稳定性和长期性。这种制度问题，关系到党和国家是否改变颜色，
必须引起全党的高度重视。邓小平的这篇讲话，成为指导政治体
制改革的纲领性文献。

在党的领导体制改革方面，1980 年 2 月召开的中共十一届
五中全会通过《关于党内政治生活的若干准则》（以下简称《准
则》），对坚持党的政治路线和思想路线、坚持集体领导反对
个人专断、维护党的集中统一、严格遵守党的纪律、发扬党内
民主、正确对待不同意见、保障党员的权利不受侵犯等作出明
确规定。《准则》特别指出：集体领导是党的领导的最高原则
之一，各级党委都要实行集体领导和个人分工负责相结合的制
度，凡是重大问题都应由集体讨论决定，不得由个人专断。

在政府体制方面，1979 年 9 月，五届全国人大常委会第十一
次会议通过决议，取消各级革命委员会，恢复各级人民政府体制。
1980 年八九月间召开的五届全国人大三次会议，调整了国务院领
导成员，初步改变了领导干部兼职、副职过多的状况。1982 年 1
月，邓小平发表《精简机构是一场革命》的讲话，提出精简是对
体制的革命，强调了精简机构的重大意义，要求中央一级要精简
1/3。根据中共中央的部署，国务院于 1982 年 3 月提出改革方案，
减少副总理，设国务委员，由国务院总理、副总理、国务委员和
秘书长组成国务院常务会议，对国务院的部委、直属机构和办公
机构进行了大幅度裁减、合并。经过机构改革，国务院所属部委、

直属机构和办公机构由原 100 个裁并为 61 个，编制人数由 4.9 万人减至 3.2 万人。对地方行政机构也进行了精简，削减了各级政府中直接主管生产部门的职权，新设了一些行政管理部门，扩大了行政部门独立依法行政的职权。

在人民代表大会制度方面，扩大了全国人大及其常委会的职权，并设立专门委员会，负责研究、审议、拟定有关议案，协助全国人大及其常委会开展工作。加强了地方人大工作，完善了人民代表大会选举制度。人民代表大会的立法工作明显加强，从 1979 年至 1984 年，全国人大及其常委会除修改宪法外，还通过了 34 个法律和 16 个关于修改、补充法律的决定，以及 13 个有关法律问题的决议、决定，批准了 9 个条例、决定，基本做到了有法可依。

在中国共产党领导的多党合作和政治协商制度方面，1979 年 6 月 15 日至 7 月 2 日召开的全国政协五届二次会议，明确提出新时期人民政协的任务。一是加强和发展爱国统一战线。二是民主党派、全国工商联的建设得到加强。1979 年 10 月，民革、民盟、民建、民进、农工民主党、致公党、九三学社、台盟等民主党派及全国工商联分别召开全国代表大会，修改了各自的章程，选举了新的领导机构，健全了组织。三是完善多党合作的方针。1982 年 9 月，中共十二大明确提出中国共产党与民主党派之间"长期共存，互相监督，肝胆相照，荣辱与共"的十六字方针。各民主党派在国家政治生活中的作用得到了进一步发挥。

在废除领导干部职务终身制方面，1980 年 2 月，中共十一届五中全会明确提出要废除领导干部职务终身制问题。经过两年的研究和酝酿，1982 年 2 月，中共中央发出《关于建立老干部退休

1979 年 10 月 19 日，叶剑英、邓小平等党和国家领导人接见出席各民主党派和工商联代表大会的代表。

制度的决定》；同年4月，国务院发布《关于老干部离职休养制度的几项规定》。这两个文件基本确定了干部离退休制度，对废除领导干部职务终身制起到了关键作用。1982年通过的《中华人民共和国宪法》，规定了国家领导职务任期制，取消了国家领导人领导职务终身制。

二、宪法的修订和六届全国人大一次会议的召开

新中国自1954年制定第一部宪法后，曾在1975年和1978年作过修订。1975年修订宪法，是在"文化大革命"特殊条件下进行的。1978年重新修订宪法，还未能对"左"的指导思想进行全面清理。中共十一届三中全会后，再次修订宪法，以适应改革开放和社会主义现代化建设的迫切需要，成为一项十分重要的工作。

1980年8月30日，中共中央向五届全国人大三次会议提出《关于修改宪法和成立宪法修改委员会的建议》。随后，根据五届全国人大三次会议的决定，成立叶剑英任主任、宋庆龄和彭真任副主任的宪法修改委员会，主持修改宪法工作。宪法修改委员会广泛征求各方面的意见，并将宪法修改草案交付全国人民讨论。1982年11月26日至12月10日召开的五届全国人大五次会议，审议并通过《中华人民共和国宪法》（以下称1982年宪法）。

1982年宪法继承和发展了1954年宪法的基本原则，充分总结我国社会主义发展正反两方面的丰富经验，是一部有中国特色的、适应新的历史时期社会主义现代化建设需要的、长期稳定的宪法。它用国家根本大法的形式，对国家的根本政治制度、经济制度、

1982年12月4日，在五届全国人大五次会议上，代表们投票表决宪法。

文化制度，对公民的基本权利和义务，对国家机构的设置和职责
范围，对今后国家根本任务等重大问题，作了明确的规定，是新
时期治国安邦的总章程。1982年宪法包括序言，第一章总纲，第
二章公民的基本权利和义务，第三章国家机构，第四章国旗、国徽、
首都，共138条。它用根本大法的形式规定了国家制度和立国原则。
这主要是：国家的根本制度和根本任务，国家的领导核心和指导
思想，工人阶级领导的、以工农联盟为基础的人民民主专政的国体，
人民代表大会制度的政体，中国共产党领导的多党合作和政治协

商制度、民族区域自治制度以及基层群众自治制度，爱国统一战线、社会主义法制原则、民主集中制原则、人民民主原则等。1982年宪法公布后，全国广泛开展了学习、宣传宪法的活动，为进一步加强社会主义民主法制建设打下了良好的基础。

随后，按照1982年宪法选举产生了第六届全国人民代表大会。1983年6月6日至21日，六届全国人大一次会议在北京举行。大会审查批准政府工作报告和全国人大常委会、最高人民法院、最高人民检察院的工作报告，分别通过了相应的决议。根据新宪法规定，会议通过了全国人大民族委员会、法律委员会、财政经济委员会、教育科学文化卫生委员会、外事委员会、华侨委员会6个专门委员会的组成人员名单。会议还审议并批准成立国家安全机关。会议选举李先念为中华人民共和国主席，乌兰夫为副主席；选举彭真为全国人大常委会委员长，陈丕显等20人为副委员长；决定赵紫阳为国务院总理；选举邓小平为中华人民共和国中央军事委员会主席，决定叶剑英、徐向前、聂荣臻、杨尚昆为副主席；选举郑天翔为最高人民法院院长，杨易辰为最高人民检察院检察长；决定万里、姚依林、李鹏、田纪云为国务院副总理，方毅等10人为国务委员。这次会议在选举或决定任命国家领导人之前首次公开介绍被选举人、被任命人简历，对完善选举制度产生了重要影响。

1983年6月4日至22日，全国政协六届一次会议在北京举行。出席会议的有31个方面的委员。大会选举邓颖超为政协第六届全国委员会主席，杨静仁等29人为副主席。这次会议生动地体现了中国共产党领导的，由各民主党派、各人民团体参加的，包括全体社会主义劳动者、拥护社会主义的爱国者和拥护祖国统一的爱国者的广泛的爱国统一战线的巩固和发展。

三、严厉打击各种犯罪活动

在推进改革开放的同时，党和国家始终没有放松严厉打击各种犯罪活动。1982 年 1 月 11 日，中共中央就打击走私贩私、贪污受贿等经济犯罪活动向各地发出紧急通知。1 月 13 日，中共中央发出《关于加强政法工作的指示》，要求认真落实"综合治理"的方针，务使社会风气、社会治安在年内有明显好转。同年 3 月 8 日，五届全国人大常委会第二十二次会议通过《关于严惩严重破坏经济的犯罪的决定》。这个决定修订了《刑法》有关条款，对严重经济犯罪活动规定了严厉的惩处刑罚。4 月 13 日，中共中央、国务院作出《关于打击经济领域中严重犯罪活动的决定》（以下简称《决定》）。《决定》指出，打击经济领域中的严重犯罪活动，关系到我国社会主义现代化建设的成败，关系到党和国家的盛衰兴亡。《决定》规定了各项有关政策，指导打击经济领域中犯罪活动的开展。1983 年 8 月 25 日，中共中央又作出《关于严厉打击刑事犯罪活动的决定》，要求以三年为期，组织一次、两次、三次战役，按照依法"从重从快、一网打尽"的精神，对刑事犯罪分子予以坚决打击。8 月 25 日至 9 月 2 日召开的六届全国人大常委会第二次会议通过《关于严惩严重危害社会治安的犯罪分子的决定》和《关于迅速审判严重危害社会治安的犯罪分子的程序的决定》。

全国依法开展打击各种严重犯罪活动的斗争收到了明显的效果，经济和刑事案件发案率下降。到 1982 年年底，全国立案审查的各类经济犯罪案件 16.4 万多件，结案 8.6 万件，依法判刑的近 3

万人，追缴赃款赃物 3.2 亿多元。到 1983 年年底，全国共逮捕刑事犯罪分子 136 万人，检举犯罪线索 170 多万条，犯罪分子主动投案的 12 万多人。到 1984 年 1 月，已依法处决严重刑事犯罪分子 1.9 万多人。全国公安机关 1984 年立案 51 万多起，比 1981 年（89 万多起）和 1982 年（74 万多起）分别下降了 42.2%、31.3%。

四、"一国两制"构想的提出和实践

实现祖国统一大业，是国家和民族根本利益所在，也是中华民族的共同心愿。1979 年元旦，全国人大常委会发表《中华人民共和国全国人民代表大会常务委员会告台湾同胞书》，郑重宣布争取和平统一祖国的大政方针，阐明实现中国统一是人心所向，大势所趋。呼吁通过中华人民共和国政府同台湾当局的商谈，结束军事对峙状态；双方尽快实现通航通邮，互通讯息，探亲访友，旅游参观，进行学术文化体育工艺观摩；双方发展贸易，互通有无，进行经济交流。告台湾同胞书的发表，标志着两岸关系发展揭开新的历史篇章。同日，中国人民解放军福建前线部队停止对大金门、小金门、大担、二担等岛屿的炮击，迈出了实行和平统一政策的第一步。

在此前后，邓小平多次谈到，祖国统一之时，台湾的现行制度、生活方式和民间的对外关系可以保持不变，初步形成了以"一国两制"方式解决台湾问题、实现祖国和平统一的构想。1981 年 9 月 30 日，全国人大常委会委员长叶剑英向新华社记者发表谈话，阐明了关于台湾回归祖国、实现和平统一的九条方针政策。其要点是实现和平统一后，台湾可作为特别行政区，享有高度的自治

　　1982 年 9 月 24 日，邓小平在北京人民大会堂会见英国首相玛格丽特·撒切尔夫人，明确阐述了中国政府将在 1997 年收回香港的基本立场。

权。这种自治权，包括台湾现行社会、经济制度不变，生活方式不变，同外国的经济、文化关系不变，等等。这些方针政策概括起来，"实际上就是一个国家两种制度"。1982 年 12 月五届全国人大五次会议通过的《中华人民共和国宪法》第 31 条规定："国家在必要时得设立特别行政区。在特别行政区内实行的制度按照具体情况由全国人民代表大会以法律规定。"这就以国家根本大法的形式，为"一国两制"提供了法律依据。

　　"一国两制"构想，最先在解决香港问题的实践中得以实现。1982 年 9 月，英国首相撒切尔夫人来华访问，中英两国领导人开始就香港前途问题进行谈判。9月24日，邓小平会见撒切尔夫人，明确阐述了中国政府将在1997年收回香港的基本立场，强调"主权问题不是一个可以讨论的问题"，同时表示，香港回归后现行的政治、经济制度，甚至大部分法律都可以保留，仍然实行资本主义。此后，中英两国经过两年艰难曲折的谈判，于1984年9月26日在北京草签了关于香港问题的联合声明。同年12月19日，两国政府正式签署关于香港问题的联合声明①。联合声明确认：中国政府于1997年7月1日对香港恢复行使主权，英国于同日将香港交还中华人民共和国。

"一国两制"科学构想的提出，是中国共产党和中国政府解决祖国统一历史过程中的一件大事，也是国家制度的一个重大创新。香港问题的解决，充分证明了"一国两制"构想的现实可行性和正确性，是解决祖国统一问题的最好途径。

五、国防和军队建设总目标的确立

根据邓小平在1977年8月23日中共中央军委座谈会讲话中重申的"要把军队的教育训练提高到战略地位"方针，同年12月中央军委全会通过了《关于加强部队教育训练的决定》、《关于办好军队院校的决定》、《关于加速我军武器装备现代化的决定》等9个文件，对新时期国防和军队建设作出全面部署。根据中央军委的决策部署，全军部队迅速掀起军事训练热潮，基本改变了多年失训的情况，并逐步展开对训练内容的全面改

---

① 1985年5月27日，中英两国政府在北京互换批准书，《中英关于香港问题的联合声明》正式生效。

革。与此同时，"文化大革命"期间被撤销的军队院校得到迅速恢复和发展，初步形成较为完整的初、中、高三级军队院校教育体系。1980 年 12 月，经中央军委批准，三总部联合印发《关于经过院校培训提拔干部的规定》，开始实行经过院校培训提拔干部的制度。

1981 年 6 月，中共十一届六中全会选举邓小平为中央军委主席。新的中央军委领导班子组成后，于同年 8 月举办全军高级干部战役集训，以新时期积极防御军事战略方针为指导，重点研究战争初期方面军防御战役的组织和实施。9 月，在中央军委和总参谋部直接领导下，由北京军区和空军部队在河北张家口地区举行规模空前的方面军防御战役演习。

9 月 19 日，邓小平明确提出新时期军队建设的总目标：人民解放军"是人民民主专政的坚强柱石，肩负着保卫社会主义祖国、保卫四化建设的光荣使命。因此，必须把我军建设成为一支强大的现代化、正规化的革命军队"。新时期军队建设总目标的确立，把革命化、现代化、正规化建设有机统一起来，适应了国防和军队建设面临的主要矛盾，适应了国际形势和现代战争的发展趋势，为开创中国特色精兵之路指明了方向。

新时期军队建设总目标的中心任务是解决现代化问题。武器装备现代化是军队现代化的物质基础，也是衡量军队现代化程度的主要标志。为加强对国防科技和国防工业的统一领导，1982 年 5 月，根据国务院、中央军委决定，将原中央军委科学技术装备委员会、国防科学技术委员会与国务院国防工业办公室合并，成立中国人民解放军国防科学技术工业委员会，同时称中华人民共和国国防科学技术工业委员会（简称国防科工委），隶属中央军委建制，受国务院、中央军委双重领导。

1983 年 4 月，中央军委发出《关于近期我军武器装备的发展方针问题》的通知，要求从实际出发，贯彻缩短战线、突出重点、狠抓科研、加速更新的方针，在近期内首先发展陆军主要短缺的武器装备，同时尽力发展空、海军武器装备，尽力完善和改进战略核武器。

中央军委把军队精简整编作为推进国防和军队现代化的重要前提，先后制定并实施了三次精简整编方案。第一次是从 1977 年 12 月中央军委全体会议通过并决定实施的《关于军队编制体制的调整方案》，第二次是从 1980 年 8 月经中共中央批转并决定实施的《关于军队精简整编的方案》，第三次是自 1982 年 9 月中央军委下达并决定实施的《军队体制改革精简整编方案》。经过三次精简整编，人民解放军按照"精兵、合成、平战结合、提高效能"四项原则，大力精简机关，压缩非战斗人员和保障部队，加大特种兵的比例，军队总员额由 660 多万人减至 423.8 万人，国防费在国家财政支出中的比例由 1979 年的 17.37% 削减至 1984 年的 10.63%。

1982 年 12 月，五届全国人大五次会议通过的《中华人民共和国宪法》规定，设立中华人民共和国中央军事委员会，领导全国武装力量。中华人民共和国中央军事委员会和中国共产党中央军事委员会，其职能和成员都是同一的，既确保了中国共产党对军队的绝对领导，又体现了党和国家对军队领导的一致性。设立中华人民共和国中央军事委员会，是国家政治体制和军事领导体制的一项重大改革，对推进具有中国特色的军事领导体制的改革和发展具有重要意义。

为加强对实行兵役制的武装警察和边防、消防等民警队伍的统一管理和建设，根据 1982 年 6 月《中共中央批转公安部党

　　1984 年 10 月 1 日，为庆祝中华人民共和国成立 35 周年，举行了自 1959 年国庆
10 周年阅兵以来首次盛大的国庆阅兵。图为中央军委主席邓小平检阅中国人民解放军
受阅部队。

组〈关于人民武装警察管理体制问题的请示报告〉的通知》精神，
以人民解放军移交给公安部门的内卫部队及公安边防、消防、
警卫部队为基础，整编为中国人民武装警察部队。1983 年 4 月
6 日，中国人民武装警察部队总部在北京成立。随后，各省、自
治区、直辖市武警总队，各地区（地级市、州、盟）武警支队，
各县（旗、县级市）武警中队或大队也相继成立。中国人民武

警部队同中国人民解放军一样，均是中国共产党绝对领导下的国家武装力量。武警部队属于国务院序列，由国务院、中央军委双重领导，实行统一领导管理与分级指挥相结合的体制。武警部队的基本任务是：维护国家安全和社会稳定，保卫国家重要目标，保卫人民生命财产安全，战时协助人民解放军进行防卫作战。武警部队组建后，成为维护国家安全和社会稳定、处置公共突发事件的武装力量。

针对新的历史条件下面临的新情况新问题，人民解放军大力加强和改进新时期军队政治工作，为模范执行党的路线方针政策，提高军队战斗力，提供了有力的思想、政治和组织保证。同时，在军民共建社会主义精神文明和培养军地两用人才等方面也创造了新经验。

1984 年 10 月 1 日，为庆祝中华人民共和国成立 35 周年，举行了自 1959 年国庆 10 周年阅兵以来首次盛大的国庆阅兵。受阅部队以崭新的风貌，严整的阵容，雄壮的气势，显示了人民解放军革命化、现代化、正规化建设取得的成就。特别是武器装备方队中的战略导弹方队，首次公开展示了中国的洲际战略导弹，集中代表了中国人民解放军武器装备现代化的发展水平。

第四节 社会主义精神文明建设

一、社会主义精神文明建设的提出和践行

改革开放和现代化建设的目标，不仅要建设高度的物质文明，还要建设高度的社会主义精神文明。1979 年 9 月，叶剑英在国庆30 周年纪念大会上的讲话中正式提出了要 "建设社会主义精神文明"。1979 年 10 月 30 日，邓小平代表中共中央、国务院在中国文学艺术工作者第四次代表大会上发表祝词，指出："我们要在建设高度物质文明的同时，提高全民族的科学文化水平，发展高尚的丰富多彩的文化生活，建设高度的社会主义精神文明。"并阐明了建设精神文明的重要性。由此，建设社会主义精神文明成为党和国家的一项重要工作，成为社会主义现代化建设的重要方面。

为推进社会主义精神文明建设，1981 年 2 月 25 日，全国总工会、共青团中央、全国妇联等 9 个单位联合发出《关于开展文明礼貌活动的倡议》，倡议开展以讲文明、讲礼貌、讲卫生、讲

1979 年 10 月 30 日，邓小平代表中共中央、国务院在中国文学艺术工作者第四次代表大会上发表祝词。

秩序、讲道德和心灵美、语言美、行为美、环境美为主要内容的文明礼貌活动，简称"五讲四美"。随即，中共中央宣传部和教育部、文化部、卫生部、公安部于 2 月 28 日联合发出《关于开展文明礼貌活动的通知》，要求把它当作建设社会主义精神文明的一件大事抓好。倡议得到了全国人民的热烈拥护和积极响应，

"五讲四美"文明礼貌活动在全国普遍开展起来。从 1982 年起，又根据 3 月 5 日前后集中开展学雷锋活动的经验，规定每年 3 月为"全民文明礼貌月"，有效地推动了社会主义精神文明建设的深入和普及。

1983 年 2 月 4 日，中共中央宣传部等 24 个单位又发出《1983 年继续开展"五讲四美三热爱"活动的意见》，在"五讲四美"基础上增加了热爱祖国、热爱社会主义、热爱中国共产党的内容。为加强对这项活动的组织领导，同年 2 月 26 日，中共中央、国务院决定，在中央和各省、自治区、直辖市成立"五讲四美三热爱"活动委员会；3 月 30 日，成立中央"五讲四美三热爱"活动委员会，指导、监督、协调全国"五讲四美三热爱"活动的开展。

"五讲四美三热爱"和"全民文明礼貌月"活动，使全国的"学雷锋"活动有了新的发展。1983 年，中共中央在毛泽东"向雷锋同志学习"题词发表 20 周年纪念大会上，发出"做八十年代的新雷锋"的号召。"当代雷锋"朱伯儒、张海迪等的感人事迹和崇高精神，产生了广泛的社会影响。丰富多彩的群众性精神文明创建活动，陶冶了人们特别是青少年的情操，文明礼貌、助人为乐的风气得到倡导，社会治安和社会秩序有所好转。

二、教育、科学、文化事业的发展

教育在改革开放新时期开始形成完整的体系。1980 年 12 月 3 日，中共中央、国务院发出《关于普及小学教育若干问题的决定》，提出在 20 世纪 80 年代基本实现普及小学教育的任务，有条件的地区还可以进而普及初中教育。各地进行中等教育结构改革试点工作，相继开办职业高中或职业高中班。中等专业学校有相当程度的恢复。各种形式的业余教育进入了恢复和发展的新阶段。

自 1978 年恢复全国统一高考招生制度后，各地不断增加高校招生数量，使普通高校在校学生由 1978 年的 85.6 万人增加到 1984 年的 139.6 万人，大大超过了"文化大革命"前的规模。继 1978 年恢复招收研究生后，1980 年 2 月召开的五届全国人大常委会第十三次会议通过了《中华人民共和国学位条例》，自 1981 年 1 月 1 日起施行，标志着新中国学位制度的建立。1980 年 12 月，国务院设立学位委员会，负责领导全国学位授予工作。1981 年 10 月，国务院学位委员会讨论通过了首批博士、硕士授予单位及其学科、专业点名单，初步建立起以专科、本科、研究生（硕士学位、博士学位研究生）为序列、比较完整的高等教育体系。

在邓小平的积极倡导下，派遣出国留学人员的工作翻开了新的一页。1978 年至 1984 年，中国向 80 多个国家和地区派出留学人员 1.57 万多人。

1982 年 9 月，中共十二大把发展教育列为社会主义现代化建设的战略重点，要求必须大力普及初等教育，加强中等职业教育和高等教育，发展城乡各级各类教育事业，培养各种专门人才，提高全民族的科学文化水平。1983 年 9 月，邓小平为景山学校题词"教育要面向现代化，面向世界，面向未来"，成为指导教育事业发展的重要方针。

科学技术战线与教育战线一样，同为"文化大革命"的重灾区，在改革开放新时期发生深刻变化，战略地位得到提升，有了显著发展。1979 年，国务院各部委和 29 个省、市、自治区上报的重要科研成果 3270 项，比过去 10 年的总数还多。1980 年，国家财政拨款用于科研单位的研发经费增至 64.59 亿元。从 1982 年开始，中国科技事业按照"经济建设必须依靠科学技术，科学技术工作必须面向经济建设"的战略方针，积极进行改革，得到了蓬勃发展。到 1985 年，中国已建立起一个门类比较齐全配套的科技体系，全国地市级以上独立的科研机构有 4397 个，比 1980 年增加 180 个，科技人员 781.7 万，比 1980 年增长 48%。5 年累计各地向国

　　1984 年 10 月 7 日，北京正负电子对撞机国家实验室奠基典礼在中国科学院高能物理研究所举行，邓小平等党和国家领导人参加奠基典礼。

家登记的重大自然科学研究成果 33762 项，研究成果的转化率有所提高。

　　高新技术方面，1981 年 9 月 20 日，中国首次用一枚运载火箭发射三颗不同用途的空间物理探测卫星。1983 年，中国采用国产材料，自行设计研制成功第一台运算速度为每秒 1 亿次的"银河"巨型计算机和第一台运算速度为每秒 54 万次的"757"计算机，标志着中国研制巨型机达到世界先进水平。1984 年 4 月 8 日，用长征 3 号运载火箭发射的地球静止轨道通信卫星，16 日成功定点在东经 125 度赤道上空并投入运行和使用，中国成为世界上少数几个掌握一箭多星发射技术、地球静止轨道卫星发射测控技术的国家之一。

　　文学艺术界出现了繁荣景象。截至 1982 年 9 月，全国县级以上的文学刊物增加到千种以上，其中省市级以上超过 200 种。1981 年全国文艺期刊发行量达 12 亿册。1976 年 10 月至 1982 年 9 月，共发表和出版中篇小说近 1500 篇，出版长篇小说 500 多部。创作大型话剧和戏曲剧本近千部。1981 年后每年拍摄电影超过百部，电视剧随着中国电视普及率的提高而迅速发展起来。美术、舞蹈、

1984 年 4 月 8 日，我国用长征 3 号运载火箭发射的地球静止轨道通信卫星，16 日成功定点在东经 125 度赤道上空并投入运行和使用。

曲艺等各个方面，都涌现出一批优秀作品和优秀人才。

三、反对资产阶级自由化的斗争

"文化大革命"结束后，在拨乱反正过程中，社会上出现了一股否定中国共产党领导、否定社会主义制度的错误思潮。针对这股错误思潮，邓小平在 1979 年 3 月旗帜鲜明地提出"必须坚持四项基本原则"。1980 年 1 月，他在《目前的形势和任务》讲话中，把这股错误思潮称为"资产阶级自由化"。他还特别指出，尤其严重的是，对于这些不正确的观点、错误的思潮，很少有人挺身而出进行严肃的思想斗争。

1981 年 7 月 17 日，邓小平与中央宣传部门负责同志谈话，对思想战线和文艺战线的涣散软弱状态提出了严肃批评，并以电影文学剧本《苦恋》为例分析了资产阶级自由化倾向的表现和危害。他强调指出，"坚持四项基本原则的核心，是坚持共产党的领导。没有共产党的领导，肯定会天下大乱，四分五裂"；"资产阶级自由化的核心就是反对党的领导"。

为了解决思想战线领导软弱涣散的问题，中共中央宣传部于 1981 年 8 月 3 日至 8 日召开思想战线问题座谈会。会议认真讨论了邓小平 7 月 17 日的谈话，提出"三个必须"：一是必须做好对电影剧本《苦恋》的批评；二是必须做好对 1980 年年底以来理论界、文艺界、新闻出版界的错误言论和作品的清理，选择其中一些主要的错误的东西加以评论；三是中央和省、市、自治区两级的思想战线的各个部门必须在思想领导上面有一个比较显著的进步。随后，新闻媒体展开了对电影剧本《苦恋》

等错误作品和言论的批评，使资产阶级自由化思潮暂时受到抑制。

资产阶级自由化思潮的存在和影响，具有长期性、复杂性。在随后的两年里，资产阶级自由化思潮又有所发展。其主要表现是：宣扬抽象的人道主义和"社会主义异化论"，宣扬抽象的民主，盲目推崇西方哲学、经济学、政治学、社会学和文学艺术的思潮。针对这种情况，1983年10月12日，邓小平在中共十二届二中全会上以《党在组织战线和思想战线上的迫切任务》为题，重点讲了"整党不能走过场"和"思想战线不能搞精神污染"两个重大的政治原则问题。关于思想战线不能搞精神污染，他指出："精神污染的实质是散布形形色色的资产阶级和其他剥削阶级腐朽没落的思想，散布对于社会主义、共产主义事业和对于共产党领导的不信任情绪。"他特别强调指出："在工作重心转到经济建设以后，全党要研究如何适应新的条件，加强党的思想工作，防止埋头经济工作、忽视思想工作的倾向。"陈云也在会上讲话，强调要充分注意对外开放中带来的消极东西。会后，中共中央于10月24日发出《关于转发邓小平、陈云同志在党的十二届二中全会上讲话的通知》，反对精神污染的斗争在全国开展起来。

1984年1月3日，胡乔木在中共中央党校作了《关于人道主义和异化问题》的报告，有针对性批评了在人道主义和异化问题上的错误观点，以马列主义立场、观点和方法，阐明了"人道主义"、"异化"的科学内涵和共产党人应有的正确态度。至此，以理论界、文艺界为重点的清除精神污染取得了积极成效。

**第五节　开创独立自主和平外交
新局面**

　　中共十一届三中全会以后，邓小平创造性地继承和发展了毛泽东的外交思想，提出了和平与发展是当代世界两个主题问题。这个判断，对中国新时期的外交工作起着重要的指导作用。

一、中美关系的曲折发展

　　1978年12月16日，中美两国政府在北京和华盛顿同时发表联合公报，宣布两国自1979年1月1日起建立外交关系。1979年1月29日至2月5日，邓小平应邀对美国进行正式访问。这是新中国领导人第一次访问美国，取得了突破性成果。

　　中美建交符合两国的共同愿望和利益，对中国打开对外开放局面，发展两国贸易、文化、科技交流与合作，维护亚洲—太平洋地区以至世界和平与稳定，具有重要意义。但是，台湾问题始终是中美关系发展的重要障碍。1979年3月，美国国会参众两院分别通过《与台湾关系法》，并于4月得到吉米·卡特总统的签署。中国政府对此作出强烈反应，4月28日，外交

美国当地时间 1979 年 1 月 31 日，邓小平和美国总统吉米·卡特在白宫签署中美科技合作协定和文化协定。

部照会美国驻华使馆，指出《与台湾关系法》的许多条款都违反了中美建交公报的原则。1981 年美国新任总统罗纳德·威尔逊·里根就职后，一面表示要在中美建交公报所规定的原则基础上发展两国关系，一面又在多种场合声称要全面执行所谓《与台湾关系法》。1981 年 12 月，美国驻华大使同中国外交部在北京就美国向台湾出售武器问题开始谈判。经过反复谈判，双方于 1982 年 8 月 17 日发表了《中华人民共和国和美利坚合众国联合公报》，即"八一七公报"。美国在联合公报中作出三点承诺：一是向台湾出售的武器在性能和数量上将不超过美中建交后近几年的水平；二是准备逐步减少对台湾的武器出售；三是经过一段时间使这个问题得到最后解决。中美"八一七公报"的签署，有利于中美关系发展的大局。但是，美国售台武器并未完全停止。

中美建交后，两国贸易额以年均 45％的速度高速递增，1983 年中美两国贸易总额已达到 44.5 亿美元。到 1983 年年底，在中国建立的中美合资经营企业已有 20 家，美方投资额共 8840 多万美元。有 13 家美国公司在开采中国海洋石油方面参与签订了 12 个石油勘探合同，投资近 6 亿美元。在技术转让和技术产品贸易方面，两国企业界签订的经济技术合作项目达 100 多个。这种平稳发展的状况，一直持续到 1989 年上半年。

二、中苏关系由紧张趋向缓和

20 世纪 70 年代，中苏关系的主要障碍始终是苏联对中国国家安全的严重威胁。1979 年 4 月 3 日，五届全国人大常委会第七次会议通过关于不延长《中苏友好同盟互助条约》的决议[①]。同日，中国外交部部长黄华约见苏联驻华大使，将上述决定通知苏方，并建议两国举行谈判，以解决两国关系上的障碍，保持和发展正常的国家关系。

[①] 《中苏友好同盟互助条约》于 1950 年 2 月 14 日在苏联首都莫斯科签订，同年 4 月 11 日生效，为期 30 年。至 1980 年 4 月 11 日期满。

经过外交途径商定，中苏轮流在两国首都举行副外长级的国家关系谈判。1979 年 9 月 23 日，中国外交部副部长王幼平率中国政府代表团抵达莫斯科，但由于苏方在谈判中拒不解决任何实际问题，第一轮谈判没有取得任何成果。同年 12 月 27 日，苏联武装入侵阿富汗，对中国西部边境构成新的威胁。中苏改善关系的谈判延期举行。

1982 年 3 月 24 日，苏共中央总书记、苏联最高苏维埃主席团主席勃列日涅夫发表讲话，表现出愿改善中苏关系的意向。为使中苏关系得到切实改善，中国经与苏方接洽，决定重开中苏谈判。1982 年 10 月 5 日，中苏两国副外长级特使第一轮磋商在北京举行，改善中苏关系的进程正式启动。到 1984 年 11 月，中苏改善两国关系的外交磋商进行了五轮。中国坚持中苏关系正常化的前提是消除三个障碍①。苏联方面则始终不愿意正视这些问题，总是以种种借口回避讨论这些问题。

1982 年 11 月 10 日勃列日涅夫去世后，中国政府派国务委员兼外交部部长黄华为特使前往莫斯科参加葬礼。1984 年 2 月，中国政府又派出由国务院副总理万里率领的中国政府代表团前往莫斯科参加苏联领导人安德罗波夫的葬礼。这两次中苏高级别领导人的接触，打破了两国间基本没有政治交往的僵局，为推动两国关系的改善创造了良好气氛。

1984 年 12 月底，苏联部长会议第一副主席阿尔希波夫正式访问中国。国务院副总理姚依林与阿尔希波夫举行了三次会谈，并分别代表本国政府签署了《中苏经济技术合作协定》、《中苏科学技术合作协定》和《中苏成立中苏经济、贸易、科技合作委

---

① 这三个障碍是：苏联在中苏、中蒙边境地区大量驻军，支持越南侵占柬埔寨，武装入侵阿富汗。

员会协定》。阿尔希波夫曾于 20 世纪 50 年代担任过苏联在华专家总顾问，同中国领导人陈云、彭真等在工作上有过密切交往。12 月 24 日和 28 日，陈云和彭真分别会见阿尔希波夫，坦诚地表达了对中苏两国关系正常化的意见。到 1984 年年底，中苏关系有了一些改善，双方的贸易、科技和文化交流有所增加，但是，苏联没有在消除三大障碍上迈出步伐，中苏关系也就没有取得实质性进展。

三、全方位发展对外友好关系

1982 年 8 月 21 日，邓小平在同联合国秘书长德奎利亚尔谈话中说："中国的对外政策是一贯的，有三句话，第一句话是反对霸权主义，第二句话是维护世界和平，第三句话是加强同第三世界的团结和合作，或者叫联合和合作。"在这一方针的指导下，到 1984 年中华人民共和国成立 35 周年时，中国已同世界上 129 个国家建立了外交关系，为中国实行全方位对外开放政策创造了有利的国际环境。中国在反对侵略，维护和平，争取裁军和缓和国际紧张局势问题上的主张更加鲜明，发挥着更大作用。

中国与东欧国家关系得到改善和发展。中国同罗马尼亚、南斯拉夫的全面友好合作关系日益加强，高层党政领导人的互访使中罗、中南在政治、经济、文化等领域的关系得到进一步发展。从 1983 年起，中国同民主德国、波兰、匈牙利、捷克斯洛伐克、保加利亚五国之间，高层往来不断增加，级别也越来越高。中国同东欧五国在经济、贸易、文化、科技等方面的合作也有了显著发展。1983 年，中国同阿尔巴尼亚恢复贸易关系。

中国十分重视巩固和增强与西欧各国的关系，与西欧国家的政治、经济和文化等领域的交往不断增加，国家首脑之间互访频繁。1983 年 11 月，欧洲共同体委员会主席托恩访华，双方认为，一个繁荣强盛的中国和一个团结强大的西欧，以及中国和西欧之间发展良好关系，是保障世界和平与稳定的重要因素。中国与西欧各国的经济贸易关系迅速发展，双边贸易额从 1975 年 28 亿多美元提高到 1983 年 68 亿美元，增加 1.4 倍。西欧已成为中国仅次于日本的重要贸易伙伴。

中国把发展与周边国家的睦邻友好关系摆在重要位置。中国领导人邓小平等同朝鲜金日成主席保持着密切的联系，中国支持朝鲜为实现自主和平统一的主张，赞成朝鲜南北双方和美国早日举行三方会谈。1984 年 3 月，国家主席李先念访问巴基斯坦、尼泊尔。随后，中国与不丹在北京举行第一轮边界会谈，并取得满意的结果。这一时期，中印两国关系也有所发展。1981 年 6 月，副总理兼外交部部长黄华访问印度。此后至 1984 年，中印两国副外长级官员举行了五轮会谈，讨论边界问题和双边关系问题。1984 年 8 月，中印两国政府签署了贸易协定。

中日是一衣带水的邻邦。在毛泽东、周恩来等同日本领导人奠定的中日友好关系的基础上，1978 年 8 月，中日两国签订《中日和平友好条约》。1982 年至 1983 年，中日双方共同确定了"和平友好、平等互利、互相信赖、长期稳定"四项原则。中日两国经济、文化、科技等领域的交流与合作发展迅速，1984 年，两国贸易额达 139.2 亿美元，占中国对外贸易总额的 25.5%。1979 年到 1983 年和 1984 年，日本政府分两批向中国提供了 7700 亿日元贷款。中日关系发展中也存在一些问题。如日本文部省篡改日本

1978 年 8 月 12 日，《中日和平友好条约》签字仪式在北京人民大会堂举行。中国
外交部部长黄华和日本外务大臣园田直分别代表本国政府在条约上签字。

侵华历史的"教科书事件"、日本政府在钓鱼岛主权问题上屡屡
违背中日双方所达成的谅解等。对此，中国政府多次进行了严正
交涉。

20 世纪 80 年代起，中国将对非洲的援助方式由无偿援助
转为促进贸易和以互利为基础的经济技术合作。1982 年 12 月至
1983 年 1 月，中国总理访问非洲 11 国，在访问期间宣布了与非
洲国家经济技术合作的"平等互利，讲求实效，形式多样，共同
发展"四项原则。此后，中非经济合作在原有的基础上开始向纵
深发展，承包工程、提供劳务、技术服务、独资或合资经营等多
种形式的经济技术合作逐渐发展起来。

1984 年 5 月 29 日，邓小平在会见巴西总统菲格雷多时的谈
话中指出：现在世界上问题很多，有两个比较突出。一是和平问题，
二是南北问题。后来，他又把这两点进一步概括为和平与发展两
大问题。针对这两大问题，邓小平重申："中国对外政策的目标

是争取世界和平。在争取和平的前提下，一心一意搞现代化建设，发展自己的国家，建设具有中国特色的社会主义。"这为新时期中国独立自主的和平外交政策指明了方向。

第六节 "建设有中国特色社会主义"的提出和探索

一、中共十二大与"建设有中国特色社会主义"的提出

1978 年 12 月中共十一届三中全会以来，拨乱反正任务的彻底完成，对新中国成立以来和党成立以来全部历史经验的科学总结，党和国家工作重心的重大转变，改革开放和现代化建设新的伟大实践的初步展开，这些都表明了中国共产党人在新的时代条件下对适合中国国情、具有中国特点的社会主义建设道路开始进行新的探索。

1979 年 3 月，邓小平提出："过去搞民主革命，要适合中国情况，走毛泽东同志开辟的农村包围城市的道路。现在搞建设，也要适合中国情况，走出一条中国式的现代化道路。"1980 年 4 月，他进一步指出："现在我们正在摸索比较快的发展道路，我们相信这方面是有希望的。不解放思想不行，甚至于包括什么叫社会主义这个问题也要解放思想。"正是沿着这样一个思路深入

总结思考，邓小平在中共十二大上第一次明确提出了"建设有中国特色的社会主义"这个根本性命题，为中共十一届三中全会以来改革开放和现代化建设的全部探索确立了一个非常明晰的主题和主线。

中国共产党第十二次全国代表大会，是1982年9月1日至11日在北京召开的。邓小平主持大会开幕式并致开幕词。邓小平的开幕词是一篇开创中国特色社会主义的纲领性文献。邓小平指出："我们的现代化建设，必须从中国的实际出发。无论是革命还是建设，都要注意学习和借鉴外国经验。但是，照抄照搬别国经验、别国模式，从来不能得到成功。这方面我们有过不少教训。把马克思主义的普遍真理同我国的具体实际结合起来，走自己的道路，建设有中国特色的社会主义，这就是我们总结长期历史经验得出的基本结论。"

"建设有中国特色的社会主义"，是邓小平在总结中国社会主义建设正反两方面经验的基础上，对"什么是社会主义，怎样建设社会主义"的科学回答。邓小平说："在搞社会主义方面，毛泽东主席的最大功劳是将马克思列宁主义的普遍真理同中国革命的具体实践结合起来。""中国的社会主义道路与苏联不完全一样，一开始就有区别，中国建国以来就有自己的特点。"邓小平从中国的实际出发，既注意继承毛泽东的成功经验，又善于吸取"文化大革命"及其以前"左"倾错误的教训，正是在这样的基础上，获得对中国社会主义建设独特规律的正确认识。这个重要命题的提出，成为中国新时期改革开放和现代化建设的指导思想，为中国的发展指明了根本方向和道路。

中共十二大的主要议程是：审议第十一届中央委员会的报告；确定为全面开创社会主义现代化建设新局面而奋斗的纲领；审议

1982 年 9 月 11 日，中国共产党第十二次全国代表大会胜利闭幕。

和通过新的《中国共产党章程》；选举新的中央领导机构。

9 月 1 日，胡耀邦代表第十一届中央委员会向大会作《全面开创社会主义现代化建设的新局面》报告，提出了中国共产党在新的历史时期的总任务，即：团结全国各族人民，自力更生，艰苦奋斗，逐步实现工业、农业、国防和科学技术现代化，把我国建设成为高度文明、高度民主的社会主义国家。报告围绕这一总任务系统阐述了到 20 世纪末中国现代化建设的战略目标、战略重点、战略步骤和一系列方针政策。

第一，促进社会主义经济建设全面高涨。报告指出，从 1981 年到 20 世纪末的 20 年，中国经济建设总的奋斗目标是，在不断提高经济效益的前提下，力争使全国工农业的年总产值翻两番。实现了这个目标，我国国民收入总额和主要工农业产品的产量将居于世界前列，整个国民经济的现代化将取得重大进展，城乡人民的收入将成倍增长，人民的物质文化生活可以达到小康水平。

为实现 20 年的奋斗目标，在战略部署上要分两步走：前 10 年主要是打好基础，积蓄力量，创造条件，后 10 年要进入一个新的经济振兴时期。

第二，努力建设高度的社会主义精神文明。报告指出，在建设高度的物质文明的同时，一定要努力建设高度的社会主义精神文明。这是建设社会主义的一个战略方针。社会主义精神文明建设大体可以分为文化建设和思想建设两个方面，这两方面是互相渗透和互相促进的。文化建设既是建设物质文明的重要条件，也是提高人民群众思想觉悟和道德水平的重要条件。思想建设决定着精神文明的社会主义性质，最重要的就是革命的理想、道德和纪律。

第三，努力建设高度的社会主义民主。报告指出，建设高度的社会主义民主，是我们的根本目标和根本任务之一。要按照民主集中制的原则，继续改革和完善国家的政治体制和领导体制，使人民能够更好地行使国家权力，使国家机关能够更有效地领导和组织社会主义建设。社会主义民主建设必须同社会主义法制建设紧密结合起来，使社会主义民主制度化、法律化。从思想上到行动上一定要坚持两手：一手是坚持对外开放、对内搞活经济的政策，另一手是坚决打击经济领域和政治文化领域中危害社会主义的严重犯罪活动。

第四，坚持独立自主的对外政策。报告指出，把爱国主义和国际主义结合起来，从来是我们处理对外关系的根本出发点。中国坚持执行独立自主的对外政策，按照和平共处五项原则发展同一切国家的关系。

第五，把中国共产党建设成为领导社会主义现代化事业的坚强核心。报告提出，一定要按照新党章的要求，努力把党建设成为领导社会主义现代化事业的坚强核心。当前必须着重解决好以下问题：一是健全党的民主集中制，使党内政治生活进一步正常化；二是改革领导机构和干部制度，实现干部队伍的革命化、年轻化、知识化、专业化；三是加强党在工人、农民、知识分子中的工作，密切党同群众的联系；四是有计划有步骤地进行整党，使党风根本好转。

以上五个方面，对社会主义物质文明建设与精神文明建设、社会主义民主与法制、内政与外交、现代化建设与党的建设作出全面部署，实际上是把邓小平建设有中国特色的社会主义命题具体化了。

根据新党章的规定，中央委员会不设主席，设总书记，中央和省一级设顾问委员会作为新老干部交替的过渡性机构。大会选举产生了第十二届中央委员会、中央顾问委员会和中央纪律检查委员会。在随后举行的十二届一中全会上，选举胡耀邦为中央委员会总书记，胡耀邦、叶剑英、邓小平、赵紫阳、李先念、陈云为中央政治局常委。全会决定邓小平为中央军委主席。在随后召开的中顾委第一次会议上选举邓小平为主任，在中央纪委第一次会议上选举陈云为第一书记。

中共十二大的召开，标志着拨乱反正任务的结束和全面开创社会主义现代化建设新局面的开始，具有重要的意义。这次大会制定了全面开创社会主义现代化建设新局面的纲领，确定了到20世纪末实现工农业的年总产值翻两番的战略目标，提出把我国建设成为高度文明、高度民主的社会主义国家。

二、"六五"计划和经济形势全面高涨

从 1980 年起，制定第六个五年计划和长远规划的工作提上

了议程。到 1981 年 9 月，初步形成"六五"计划草案。在这一过程中，逐步明确了三个重大原则。一是整个社会主义时期必须有两种经济，即计划经济部分和市场调节部分。二是必须保持合理的积累率，即积累占国民收入 25% 左右较为合适，防止积累率过高的倾向。三是不要过分追求建设速度，要更加注重经济效益，为今后经济发展打下牢固的基础。

1982 年，国民经济走上稳步发展的轨道，中共十二大确定了到 20 世纪末的发展目标和战略步骤，"六五"计划草案编制完成。1982 年 11 月 26 日至 12 月 10 日召开的五届全国人大五次会议经过讨论和审议，批准了国民经济和社会发展的"六五"计划。

"六五"计划是按照中共十二大提出的到 20 世纪末经济建设的战略部署制定的，是继"一五"计划后的一个比较完备的五年计划。"六五"计划总的指导思想是，不过分追求建设速度，而更注重经济效益，为今后经济的发展打下牢固的基础。"六五"计划的基本任务是：继续贯彻执行调整、改革、整顿、提高的方针，进一步解决过去遗留下来的阻碍经济发展的各种问题，取得实现财政经济状况根本好转的决定性胜利，为"七五"计划期间的国民经济和社会发展奠定更好的基础，创造更好的条件。在具体要求中提出"保四争五"的目标，即工农业生产在提高经济效益的前提下，计划平均每年递增 4%，争取达到 5%。

"六五"计划取得了预期的成就。一是国民经济全面稳定增长。工农业总产值平均每年增长 11%，国民生产总值平均每年增长 10%。这样的经济增长速度大体相当于"一五"时期，高于其他几个五年计划时期，也高于世界许多国家同期的增长速度。

二是重要产品的产量大幅度增长。"六五"时期同"五五"时期相比，粮食的年平均产量由 3.053 亿吨增加到 3.7062 亿吨，

棉花由 224 万吨增加到 432 万吨，猪牛羊肉由 937 万吨增加到
1462 万吨。从 1980 年至 1985 年，我国原煤产量由 6.2 亿吨增加到 8.5
亿吨，原油由 1.06 亿吨增加到 1.24 亿吨，发电量由 3000 亿度增
加到 4073 亿度，钢由 3700 万吨增加到 4666 万吨。

三是基本建设和技术改造取得重大成就。全民所有制单位固
定资产投资总额达到 5300 亿元，新增固定资产 3800 亿元，建成
投产大中型项目 496 个（其中能源、交通项目 103 个），完成更
新改造项目 20 多万个。

四是财政状况逐年好转。财政收入由下降转为上升，后三年
出现了大幅度稳定增长的可喜形势。1983 年国内财政收入增加
127 亿元，1984 年增加 255 亿元，1985 年增加 362 亿元。实现了
收支平衡。

五是对外经济贸易和技术交流打开了新局面。"六五"期间，
进出口贸易总额合计达到 2300 亿美元，比"五五"时期翻了一番。
全国通过各种形式使用国外贷款 103 亿美元，吸收外商直接投资
53 亿美元。五年间全国共引进国外技术 1 万多项，其中有一部分
是具有国际 20 世纪 70 年代末和 80 年代初期水平的先进技术和
关键设备。

六是人民生活得到显著改善，改善幅度之大是新中国成立以
来没有过的。五年间，扣除物价上涨因素，农民人均纯收入平均
每年增长 13.7%，城镇职工家庭人均收入平均每年增长 6.9%，在
城镇安排就业的劳动力达到 3500 多万人。消费结构发生明显变化，
衣着向多样化发展，耐用消费品特别是电视机、洗衣机、收录机、
电冰箱等家用电器的销售量大幅度增加。城乡居民储蓄大幅度增
加。1985 年年末达到 1623 亿元，比 1980 年年末增长 3 倍。"六五"
期间，随着工农业生产的大幅度增长，消费品货源比较充足，全

国除粮、油外已基本取消票证，敞开供应。

"六五"取得初步成果的主要原因：一是坚持了农、轻、重协调发展的方针；二是正确地确定积累和消费的比例，实现了相互促进、共同增长；三是坚决贯彻了调整、改革、整顿、提高方针和对内搞活经济、对外实行开放的政策。

"六五"计划的顺利实施，国民经济进入健康发展和良性循环的轨道，既为国民经济增长进入两位数长期持续增长的快车道铺平了道路，也为改革开放的全面深入创造了宽松条件。

三、中共十二届三中全会和《关于经济体制改革的决定》

在总结经济体制改革经验的基础上，1984年10月20日中共十二届三中全会通过了《中共中央关于经济体制改革的决定》（以下简称《决定》）。

《决定》是推进经济体制改革的纲领性文献。《决定》通过后，邓小平在会上发言说："这个决定，是马克思主义的基本原理和中国社会主义实践相结合的政治经济学。"他在随后召开的中央顾问委员会第三次全体会议上又指出："这次经济体制改革的文件好，就是解释了什么是社会主义，有些是我们老祖宗没有说过的话，有些新话。我看讲清楚了。过去我们不可能写出这样的文件，没有前几年的实践不可能写出这样的文件。写出来，也很不容易通过，会被看作'异端'。我们用自己的实践回答了新情况下出现的一些新问题。"

《决定》共分10个部分。《决定》指出，加快以城市为重点的经济体制改革是当前形势发展的迫切需要。经济体制改革首先在农村取得了巨大成就，农村经济开始向专业化、商品化、现代化转变。农村改革的成功经验，农村经济发展对城市的要求，为以城市为重点的整个经济体制的改革提供了极为有利的条件。加快改革是城市经济进一步发展的内在要求。城市是我国经济、政治、科学技术、文化教育的中心，在社会主义现代化建设中起着主导作用。只有坚决地系统地进行改革，城市经济才能兴旺繁荣，才能适应对内搞活、对外开放的需要，真正起到应有的主导作用，推动整个国民经济更好更快地发展。同时，世界范围兴起的新技术革命，对我国经济的发展是一种新的机遇和挑战，要求我们的经济体制具有更加强大的能力，吸收最新科技成就，推动科技进步，创造新的生产力。

《决定》指出，改革的基本任务是为了建立充满生机的社会主义经济体制。目前经济体制的主要弊端是：政企职责不分，条块分割，国家对企业统得过多过死，忽视商品生产、价值规律和市场的作用，分配中平均主义严重。为了从根本上改变束缚生产力发展的经济体制，必须认真总结我国的历史经验，认真研究我国经济的实际状况和发展要求，同时必须吸收和借鉴当今世界各国包括资本主义发达国家的一切反映现代社会化生产规律的先进经营管理方法。按照把马克思主义基本原理同中国实际相结合的原则，按照正确对待外国经验的原则，进一步解放思想，走自己的路，建立起具有中国特色的、充满生机和活力的社会主义经济体制，促进社会生产力的发展，这就是我们这次改革的基本任务。

《决定》指出，增强企业活力是经济体制改革的中心环节。具有中国特色的社会主义，首先应该是企业有充分活力的社会主义。增强企业的活力，特别是增强大、中型全民所有制企业的活力，是以城市为重点的整个经济体制改革的中心环节。围绕这个中心环节，主要应该解决好两个方面的关系问题，即确立国家和全民所有制企业之间的正确关系，扩大企业自主权；确立职工和企业之间的正确关系，保证劳动者在企业中的主人翁地位。要使企业成为相对独立的经济实体，成为自主经营、自负盈亏的社会主义商品生产者和经营者，具有自我改造和自我发展的能力，成为具有一定权利和义务的法人。

《决定》指出，要建立自觉运用价值规律的计划体制，发展社会主义商品经济。社会主义的计划体制，应该是统一性同灵活性相结合的体制。改革计划体制，首先要突破把计划经济同商品

《中共中央关于经济体制改革的决定》指出，增强企业活力是经济体制改革的中心环节。图为实行承包经营的首都钢铁公司第二炼钢厂。

经济对立起来的传统观念，明确认识社会主义计划经济必须依据
和运用价值规律。商品经济的充分发展，是社会经济发展的不可
逾越的阶段，是实现我国经济现代化的必要条件。《决定》从四
个方面概括了我国计划体制的基本点，指出：第一，就总体说，
我国实行的是计划经济，即有计划的商品经济，而不是那种完全
由市场调节的市场经济；第二，完全由市场调节的生产和交换，
主要是部分农副产品、日用小商品和服务修理行业的劳务活动，
它们在国民经济中起辅助的但不可缺少的作用；第三，实行计划
经济不等于指令性计划为主，指令性计划和指导性计划都是计划
经济的具体形式；第四，指导性计划主要依靠运用经济杠杆的作
用来实现，指令性计划则是必须执行的，但也必须运用价值规律。
按照以上要点改革现行的计划体制，就要有步骤地适当缩小指令
性计划的范围，适当扩大指导性计划的范围。计划工作的重点要
转到中期和长期计划上来，适当简化年度计划，并相应改革计划
方法，充分重视经济信息和预测，提高计划的科学性。

　　《决定》还对建立合理的价格体系、充分重视经济杠杆的作
用，实行政企职责分开、正确发挥政府机构管理经济的职能，建
立多种形式的经济责任制、认真贯彻按劳分配原则，积极发展多
种经济形式、进一步扩大对外的和国内的经济技术交流，起用一
代新人、造就一支社会主义经济管理干部的宏大队伍，加强党的
领导、保证改革的顺利进行等问题作出具体部署。

　　以中共十二届三中全会《决定》为标志，以城市为重点的经
济体制改革，进一步全面深入地开展起来。

后　记

　　《〈中华人民共和国史稿〉简明读本》是马克思主义理论研究和建设工程重点成果。本书在编写过程中，得到马克思主义理论研究和建设工程咨询委员会的指导，得到了有关部门和专家学者的帮助和支持。

　　马克思主义理论研究和建设工程咨询委员会主任徐光春以及咨询委员虞云耀、孙英、欧阳淞、陈宝生、魏礼群、金炳华、龙新民、金冲及、郑科扬、邢贲思、江流、汝信、侯树栋、李君如、李忠杰、贾高建、顾海良、韩震等审阅书稿并提出指导性意见。课题组首席专家李捷担任本书主编，对书稿进行了多次修改和统稿。参加书稿撰写和修改的有（以负责章节为序）：田居俭、刘国新、陈东林、张星星、李正华。张星星协助李捷参加了部分统稿工作，白晓明负责编务工作。夏伟东、张磊、邵文辉主持了工程办公室组织的审看修改工作。田岩、冯静、宋凌云、王昆、范为、邢国忠、曹守亮、陈硕、杨荣、沈永福等参加了具体审看修改工作。

　　本书所选图片由李建斌编选并撰写文字说明。

2015 年 7 月

图书在版编目（CIP）数据

《中华人民共和国史稿》简明读本 / 《〈中华人民共和国史稿〉简明读本》编写组编著. -- 北京 ：学习出版社，2015.9
ISBN 978-7-5147-0557-7

Ⅰ．①中… Ⅱ．①中… Ⅲ．①中国历史－现代史
Ⅳ．①K27

中国版本图书馆CIP数据核字(2015)第169342号

《中华人民共和国史稿》简明读本
ZHONGHUA RENMIN GONGHEGUO SHIGAO JIANMING DUBEN
《〈中华人民共和国史稿〉简明读本》编写组

责任编辑：李　岩
技术编辑：贾　茹

出版发行：学习出版社
　　　　　北京市崇外大街11号新成文化大厦B座11层（100062）
　　　　　010-66063020　010-66061634　010-66061646
网　　址：http://www.xuexiph.cn
经　　销：新华书店
印　　刷：北京联兴盛业印刷股份有限公司

开　　本：787毫米×1092毫米　1/16
印　　张：20.25
字　　数：236千字
版次印次：2015年9月第1版　2019年10月第10次印刷

书　　号：ISBN 978-7-5147-0557-7
定　　价：68.00元

如有印装错误请与本社联系调换